BOOK OF HOUSES
LE LIVRE DES MAISONS
DAS HÄUSERBUCH

BOOK OF HOUSES
LE LIVRE DES MAISONS
DAS HÄUSERBUCH

© 2009 EVERGREEN GmbH, Köln

Editor:
Simone Schleifer

Editorial assistance:
Marta Serrats

English translation:
Matthew Connell

French translation:
Marion Westerhoff

German translation:
Susanne Engler

Proof reading:
Matthew Clarke, Marie-Pierre Santamarina

Art director:
Mireia Casanovas Soley

Graphic design and layout:
Ignasi Gracia, Anabel Naranjo

Printed in Spain

ISBN 978-3-8365-1155-1

Contents Sommaire Inhalt

010-019	**House in Miravalle**
020-027	**X House**
028-033	**Berman House**
034-039	**Rooftecture M**
040-047	**De Blas House**
048-055	**CH House**
056-063	**Schmitz House**
064-071	**Crescent House**
072-077	**Furniture-House**
078-085	**Mediterranean Dwelling**
086-093	**House on Iritahama Beach**
094-101	**Eremo Residence**
102-111	**Residence in Pacific Palisades**
112-119	**Chalet in Lissago**
120-125	**Tennessee River Residence**
126-133	**Gastropod House**
134-141	**Cutipol House**
142-149	**Aiguablava**
150-155	**Cromer Residence**
156-163	**House on Cascade Lake**
164-169	**Wilson Residence**
170-175	**House and Art Gallery**
176-183	**Turba House**
184-189	**Spring Prairie Residence**
190-195	**Coppola Residence**
196-201	**Sutterlüty House**
202-209	**Adda Valley Residence**
210-215	**Villa Novellino**

216-223	**House in Concepcion**
224-231	**Villa 1**
232-241	**Spine Residence**
242-247	**Clement Residence**
248-255	**C House**
256-263	**Smarthouse**
264-273	**Nuria Amat House**
274-283	**Las Encinas Residence**
284-289	**Residence in Hyogo**
290-295	**Double L**
296-301	**Cliff Residence**
302-309	**Vineyard Residence**
310-315	**House in High Bridge**
316-323	**House on Mount Fuji**
324-329	**YG House**
330-335	**Howard House**
336-341	**Into House**
342-349	**Rosenthal House**
350-357	**Y House**
358-365	**Villa Man-bow**
366-371	**Tree House**
372-381	**Chiles**
382-383	**Photo Credits** **Crédits photographiques** Fotonachweis

The family house represents a paradigm in the evolution of architecture, as it has been a privileged realm in which architects have been able to freely experiment-hence, they have used it as a tool to propose different lifestyles and to speculate on the changes that new social habits will mean for families. The technological innovations filtering ever more quickly into our homes offer a glimpse of what the house of the future will be like: many experts foresee a scenario in which the traditional distribution of space will be replaced by integrated spaces and functional solutions that redefine the concept of the home and satisfy the diverging needs of all the members of a family.

This book presents several examples of this emerging residential architecture, linked by the manner in which architects propose innovative and experimental solutions. Refinement in the finishing, restraint in the layout and painstaking integration of construction elements into the surroundings are just some of the criteria that have to be taken into account in their designs. Although each of the houses featured in this selection follows its own path stylistically, they all surprise us with their technical resources and the range of sensations they induce.

Although none of these houses could be described as extravagant, they are all implicitly exclusive, as each stems from a very personal commission; individual clients' preferences and budgets will always determine unique projects. Their architects were given a unique opportunity to expand their creativity: in meeting their clients' needs, they were able to contribute new design ideas or test functional solutions and building methods. In the end, the designers of such houses are responsible for stimulating our senses, broadening our perspectives and creating spaces that focus our attention on what is essential in life. In all of these houses, the architects have paid special attention to the dynamics found when different family members live together, and they have thus geared their efforts toward finding a balance between design for design's sake and functionality.

The other fundamental characteristic linking the homes in this book is the dialogue they all establish with their surroundings: the formal expression of each and every house reveals an intimate understanding of the unique qualities of the landscape that surrounds it. This concept has served as the starting point for innovative designs that distil a special synergy between house and site. The book you have before you illustrates not just the transformation of the concept of the family house, but also the sophisticated and meticulous experimentation that is required to produce unique homes adjusted to the needs of each family.

Dans le cadre de l'évolution architecturale, la maison unifamiliale est une typologie paradigmatique. En effet, c'est un champ d'expérimentation que les architectes ont utilisé pour créer des styles de vie différents et pour méditer sur les changements engendrés par les nouvelles habitudes sociales sur le milieu familial. Les avancées technologiques parviennent de plus en plus vite dans nos foyers, nous permettant d'imaginer la maison de demain : un scénario prônant l'abandon de la distribution spatiale traditionnelle, au profit d'espaces intégrés et de solutions fonctionnelles qui nous rapprochent d'une nouvelle conception de l'habitat satisfaisant les besoins de chaque membre de la famille.

Ce livre est un recueil d'exemples de cette architecture résidentielle émergente, d'habitations dont le dénominateur commun est la création de solutions innovatrices et expérimentales. Le choix épuré des finitions, la distribution harmonieuse des espaces de vie ou le soin apporté pour intégrer l'espace à l'environnement, définissent certains des concepts de base de ces projets. Même si les résidences présentées suivent des voies différentes, toutes surprennent par la qualité de construction et par le kaléidoscope d'impressions qu'elles offrent.

Dépourvue d'extravagance, l'exclusivité est implicite dans tous ces projets, reflets d'une commande très personnalisée. Car à chaque client correspond, au gré de ses désirs et volontés, un projet unique. De son côté, l'architecte peut donner libre cours à son activité créatrice, apporter de nouvelles idées et oser des solutions novatrices sur les plans fonctionnel et architectural. Ceux qui conçoivent nos maisons s'engagent à stimuler nos sens, à élargir nos perspectives et à créer des espaces qui nous mènent à l'essentiel de la vie. Dans chacun de ces projets, les architectes ont été particulièrement attentifs à la cohabitation entre tous les membres de la famille, s'efforçant d'instaurer l'équilibre délicat entre construction et habitabilité.

Ce livre traite d'un autre thème essentiel qui est le dialogue avec le paysage : tous les projets laissent transparaître l'harmonie entre l'expression formelle et la singularité de l'environnement où ils sont implantés, un accord servant de point de départ à des solutions innovantes qui essaient de s'intégrer au paysage pour parvenir à une synergie d'ensemble. Cet ouvrage est une collection unique d'exemples montrant à la fois l'évolution du concept d'habitation unifamiliale et l'expérimentation architecturale, sur la base d'épures d'une très grande précision, visant à créer des maisons presque sur mesures, adaptées aux besoins de chaque famille.

Das Einfamilienhaus hat, was die architektonische Entwicklung betrifft, Modellcharakter. Dieser Gebäudetyp ermöglicht es den Architekten, unter hervorragenden Bedingungen zu experimentieren. Sie nehmen es als ein Mittel, um andere Lebensstile aufzugreifen und über die Veränderungen nachzudenken, die neue soziale Gewohnheiten im traditionellen Familienmodell verursachen. Die technologischen Innovationen erreichen unser Zuhause immer schneller und nehmen vorweg, wie das Haus der Zukunft sein wird: eine Wohnumgebung, für die Viele vorhersagen, dass die traditionelle Raumaufteilung zugunsten von integrierten Räumen und funktionellen Lösungen aufgegeben wird und somit ein neues Raumkonzept entsteht, das die verschiedenen Bedürfnisse aller Familienmitglieder erfüllt.

In diesem Buch wird eine interessante Zusammenstellung dieser neuen Wohnhausarchitektur vorgestellt, deren Gemeinsamkeit die Suche nach innovativen und experimentellen Lösungen ist. Eine sorgfältige Auswahl der Oberflächenmaterialien, die maßvolle Verteilung der Fläche und die gewissenhafte Suche nach Räumen, die sich in die Umgebung integrieren, sind einige der Kennzeichen dieser Architektur. Obwohl jedes der vorgestellten Häuser anders ist, überraschen uns alle aufgrund der hohen baulichen Qualität und der Vielzahl von Eindrücken, die sie hervorrufen.

Diese Häuser sind nicht extravagant, aber exklusiv und einzigartig, da jedes davon durch die persönlichen Wünsche und das zur Verfügung stehende Budget des jeweiligen Kunden geprägt ist. Der Architekt hat bei dieser Art von Bauvorhaben die Möglichkeit, seine kreative Arbeit zu vertiefen, neue Ideen anzubringen und innovative funktionelle und bauliche Lösungen einzusetzen. Diejenigen, die unsere Häuser entwerfen, sind dafür verantwortlich, unsere Sinne anzuregen, unsere Perspektive zu erweitern und Räume zu schaffen, die uns dem Wesentlichen im Leben näher bringen. In all diesen Häusern haben die Architekten besondere Aufmerksamkeit auf das Zusammenleben aller Familienmitglieder gerichtet und sich auf ein Gleichgewicht zwischen dem physischen Gebäude und der Bewohnbarkeit konzentriert.

Ein weiterer, grundlegender Aspekt der Projekte, die in diesem Buch vorgestellt werden, ist der Dialog mit der Landschaft. Bei all diesen Häusern existiert eine Kommunikation zwischen dem formalen Ausdruck der Architektur und der Einzigartigkeit der Umgebung, in der sie sich befinden, ein Gleichgewicht, das den Ausgangspunkt für innovative Lösungen bildet, die mit der Landschaft experimentieren, um ein Zusammenwirken aller Elemente zu bewirken. Dieses Buch ist somit ein einzigartiger Beweis dafür, dass ein Umdenken im Konzept des Einfamilienhauses stattfindet und dass mit klaren Schemata und einer sorgfältigen Ausführung experimentiert wird, durch die Wohnhäuser fast nach Maß entstehen, die sich an die Bedürfnisse jeder Familie anpassen.

House in Miravalle

Wood + Zapata
Miravalle, Ecuador

The biggest challenge here was to take full advantage of this house's surroundings and at the same time preserve the privacy of its occupants. Thus, the architects designed a floor plan in the shape of a boomerang whose interior face is lined with glass walls; this conceit provides a panoramic view from any part of the house. In the main wing, a terrace that starts in the dining-room extends as though it were rising to Mount Cotopaxi. The opposite wing culminates in the pool, beside which an elevated walkway gives views out onto the valley at its feet. The glass used in the façade was treated so that it would have a greenish hue, helping it to blend into its surroundings; when seen from the opposite side of the valley, the house is camouflaged by the landscape.

Le plus grand défi de ce projet consistait à réaliser une habitation tirant parti au maximum des avantages de l'environnement qui l'entoure, tout en préservant l'intimité de ses occupants. Face à ces exigences, les architectes ont choisi de concevoir un plan en forme de boomerang dont les murs de l'angle intérieur sont entièrement vitrés. Cette option offre une immense vue panoramique où que l'on soit dans la maison. Dans l'aile principale, une terrasse, partant de la salle à manger, s'étire comme si elle voulait atteindre le mont Cotopaxi. L'aile opposée est parachevée par une piscine, d'où part une passerelle latérale s'élevant à l'instar d'un mirador audessus de la vallée qui s'étend à ses pieds. La surface vitrée de la façade est en verre traité de couleur verdâtre, facilitant son intégration à l'environnement : de l'autre côté de la vallée, la construction se fond ainsi dans le paysage.

Die größte Herausforderung bei dieser Planung lag darin, die Vorteile der Umgebung so weit wie möglich zu nutzen und gleichzeitig die Privatsphäre der Bewohner zu bewahren. Unter diesen Gesichtspunkten entwarfen die Architekten einen Grundriss mit der Form eines Bumerangs. Im Hauptflügel erstreckt sich eine Terrasse, die am Esszimmer beginnt, so weit, dass sie den Eindruck erweckt, den Berg Cotopaxi berühren zu wollen. Am Ende des entgegengesetzten Flügels befindet sich ein Swimmingpool, umgeben von einer erhöhten Plattform, die zu einem Aussichtspunkt über das Tal wird, das ihr zu Füßen liegt. Das Fensterglas in der Fassade wurde in einer grünlichen Farbe getönt. So passt sich das Gebäude besser in die Umgebung ein und ist von der anderen Seite des Tales aus in der Landschaft nur schwer zu entdecken.

The glass façade allows the inhabitants to enjoy the landscape and also allows natural light to flood into the interior.
La structure de verre de la façade permet à la fois de jouir du paysage et de laisser pénétrer lumière naturelle à l'intérieur.
Die verglaste Struktur der Fassade lässt den Blick auf die Landschaft frei. So kann reichlich Licht ins Innere strömen.

› Ground floor   Rez-de-chaussée   Erdgeschoss

› First floor   Premier étage   Erstes Obergeschoss

› **Section** Section Schnitt

The high ceilings and the distinctive sloping façade give a sense of openness and create a dynamic indoor space.

La hauteur importante de la toiture et l'angle d'inclinaison inhabituel de la façade produisent une sensation d'espace et dynamisent l'univers intérieur.

Die sehr hohen Decken und die ungewöhnlich geneigte Fassade lassen die Räume sehr weit und dynamisch wirken.

X House

Barclay & Crousse
Cañete, Peru

This house forms part of a complex of two residences separated by a terraced area, nestled in an uneven, desert site. As the architects felt the structure of the X house should take up most of the site, it was designed as a solid volume that would be anchored into the ground. They designed a two-story program: while one story is used as bedrooms, the other is taken up by the kitchen, dining room and salon/terrace. The floor on the upper level comprises a wooden deck that extends to the edge of a narrow, elongated pool, which stretches across the side of the house facing the sea and hangs over the stairway that connects the two levels. Should bad weather require it, the dining-room can be closed off from the terrace by means of a series of detachable panels; when they are removed, however, the boundary between interior and exterior disappears.

Cette habitation fait partie d'un complexe de deux résidences séparées par un terrain en terrasse, enclavé dans une zone abrupte au climat désertique. Les architectes ont décidé que la structure de la maison X devait occuper la majeure partie du terrain et être conçue comme un volume massif ancré sur la terre. Le plan comprend deux étages : un réservé aux chambres à coucher et l'autre accueillant les pièces à vivre cuisine, salle à manger et salon/terrasse. Le niveau supérieur est revêtu d'un parquet de lames de bois qui s'achève au bord d'une piscine étroite et allongée. Ce bassin s'étire le long de la façade orientée vers la mer et reste suspendu à la hauteur de l'entrée de l'escalier qui relie les deux niveaux. La salle à manger peut se fermer devant la terrasse si les conditions météorologiques l'exigent, grâce à deux panneaux démontables. En leur absence, la frontière entre l'intérieur et l'extérieur est totalement imperceptible.

Dieses Haus gehört zu einem Komplex mit zwei Häusern in einer Wüstenregion, die durch ein terrassenförmig angelegtes Gelände getrennt sind. Die Architekten entschieden, dass die Struktur des Hauses X den größten Teil des Grundstücks einnehmen sollte und schufen ein solides, gut in der Erde verankertes Gebäude. Die Wohnbereiche sind über zwei Stockwerke verteilt. In dem einem befinden sich die Schlafzimmer und in dem anderen Wohnzimmer, Küche, Esszimmer und Wohnterrasse. Der Boden des oberen Stockwerks ist mit Holzdielen belegt, die bis zum Rand eines kleinen, länglichen Swimmingpools reichen. Dieser Pool erstreckt sich entlang der ganzen Fassade zum Meer hin bis zu der Höhe der Treppenöffnung, die beide Stockwerke verbindet. Das Esszimmer kann mithilfe abmontierbarer Platten von der Terrasse getrennt werden, wenn die Wetterbedingungen dies notwendig machen. Wenn diese Platten nicht angebracht sind, sind die Grenzen zwischen Innen und Außen fast nicht definiert.

The striking pool extends along the terrace and even stretches beyond it, over an opening carved by the stairway.
La piscine originale file le long de la terrasse et en dépasse même les limites pour s'étirer au-dessus de l'escalier.
Der einzigartige Swimmingpool verläuft am Rand der Terrasse, stellenweise sogar darüber hinaus, und zieht sich bis zur Treppenöffnung.

Ochre and sandy yellow were the colors chosen for the exterior, recalling pre-Columbian buildings. This conceals the damage caused by sand blowing in from the desert.

Les façades s'affichent dans les tons ocre et sable, identiques à ceux utilisés dans l'architecture précolombienne, pour masquer l'usure provoquée par le sable du désert.

Die Fassaden sind in Ocker- und Sandtönen gestrichen, ähnlich denen der präkolumbischen Bauten. So sieht man kaum, wie stark der Wüstensand die Fassaden angreift.

› Site plan Plan de situation Umgebungsplan

› Sketch Esquisse Skizze

The edge of one side of the upper floor is lined by a stone bench that establishes a close relationship with the surroundings.
Un banc de pierre festonne le bord latéral de l'étage supérieur, établissant un lien étroit avec l'environnement.
Am seitlichen Rand des oberen Stockwerkes verläuft eine Steinbank, die eine enge Beziehung zur Umgebung aufbaut.

› **Sketch** Esquisse *Skizze*

The kitchen occupies a small space on the upper level and is closely linked to the dining-room by means of an interior window.

La cuisine, qui occupe une petite surface à l'étage supérieur, est très étroitement reliée à la salle à manger par le biais d'une fenêtre intérieure.

Die Küche nimmt eine kleine Fläche im Obergeschoss ein und ist durch ein Fenster im Inneren mit dem Esszimmer verbunden.

Harry Seidler & Associates
Joadja, Australia

Berman House

A steep rocky outcrop overlooking a canyon is the backdrop to this unusual home. The architectural composition is based on a horizontal scheme organized around a single story with two levels: the lower level, which is fixed to the cliff, contains the day areas, and the upper level, which is closed and intimate, the bedrooms. This disjunction can also be seen from the exterior, as it marks the starting point of the roofs, which extend sinuously over both volumes. Although the main volume of the house was built in concrete, the roof structure is made from curving metal beams of different radii, to achieve an undulating effect. The cantilevered balcony that juts out over the canyon is attached to the structure by means of diagonal braces that further emphasize its apparent defiance of gravity.

Une zone rocheuse et escarpée enfermée dans le canyon creusé par le fleuve qui le traverse, caractérise l'atmosphère qui entoure cette résidence particulière. La composition architecturale s'intègre dans un schéma horizontal organisé sur un étage à deux niveaux : l'étage inférieur, situé au bord du précipice, comprend les zones de jour, et l'étage supérieur, clos et intime, accueille les chambres. La dénivellation est également perceptible de l'extérieur, car elle marque le point de séparation entre les toitures qui s'étendent en ondulations, couronnant les deux volumes. Les fondations sont en béton, mais la structure des toitures est construite à partir de poutres métalliques incurvées de différents diamètres pour créer l'effet d'ondulation. Le balcon en encorbellement, surplombant la falaise, est amarré à la structure métallique grâce à des bras en diagonale, ce qui accentue encore l'effet d'apesanteur de la composition.

Dieses einzigartige Haus liegt in einer felsigen und schroffen Region an einer Schlucht, durch die ein Fluss verläuft. Die architektonische Gestaltung geht von einem horizontalen Konzept mit zwei Stockwerken aus. Im Untergeschoss, das zur Schlucht hin liegt, befinden sich die Räume für den Tag, während das Obergeschoss geschlossener und intimer ist und die Schlafzimmer aufnimmt. Den Höhenunterschied nimmt man auch von außen wahr, da er den Ausgangspunkt der Dächer markiert, die sich kurvig über beide Gebäudeteile ziehen. Die Mauern sind aus Beton, während die Dächer aus gebogenen Stahlträgern mit unterschiedlichen Radien konstruiert wurden, um die Wellenform zu erreichen. Der Balkon liegt auf einem Vorsprung über der Schlucht und wird an der Metallstruktur durch zwei diagonale Arme gehalten, was die Komposition noch schwereloser wirken lässt.

The spectacular location determined the design for a house that needed to be both emphatic and light.
L'emplacement spectaculaire définit les lignes d'un objet architectural léger et contondant à la fois.
Die wundervolle Umgebung bildete die Grundlage für die Konstruktion, die massig und gleichzeitig leicht wirkt.

The cantilevered balcony was conceived as an extension of the living room and as a spectacular promontory from which to admire the steep cliffs.

Le balcon en encorbellement se présente comme le prolongement du salon, à l'instar d'un mirador spectaculaire qui capte les profondeurs de l'abîme.

Der Balkon auf einem Vorsprung ist wie eine Verlängerung des Wohnzimmers angelegt und bietet eine wundervolle Aussicht über die Schlucht.

› Longitudinal section   Section longitudinale   Längsschnitt

This suspended walkway has a glass balustrade that allows the inhabitants to freely take in the landscape, as well as increasing the sense of weightlessness.

Cette passerelle suspendue est festonnée d'une balustrade de verre qui libère la vue sur le paysage et accentue l'effet d'apesanteur.

Dieser hängende Laufsteg wird von einem verglasten Geländer gehalten, durch welches man die Landschaft sieht und das Gefühl von Schwerelosigkeit bekommt.

Shuhei Endo
Maruoka, Japan

Rooftecture M

Rooftecture M serves two functions: besides being a residence, the owner also wanted a workshop that would both exude calm and offer panoramic views of the landscape. So, the architect decided to design the first level, the location of the workshop, using a single wall along the western side that wraps around to enclose the room and ends in the eastern façade. To insulate the house from noise, along the east-west axis the structure was fitted with a sheet of steel. The private rooms, i.e. the bedrooms, living-room and dining-room, are located in the zones nestled deepest inside the house, furthest from the gaze of neighbors, in order for family life to carry on as normal. Accordingly, the bedrooms are on the first floor, while the kitchen, dining-room, living-room and bathroom are on the ground floor. On the other hand, the workshop is on the north side of the house, on the first level, in a glazed area open to the outside.

Rooftecture M a deux fonctions : une habitation à laquelle le propriétaire voulait ajouter un atelier doté d'un espace tranquille et d'une grande perspective visuelle. Pour réaliser ce souhait, l'architecte a conçu le premier niveau sur un seul plan pour accueillir l'atelier : le mur du côté ouest ondule pour clore l'espace et s'achève dans la façade sud. Pour isoler la maison des nuisances sonores extérieures, la structure est revêtue sur l'axe est-ouest d'une plaque d'acier. Les sphères de vie privée – chambres à coucher, salon et salle à manger – sont situées dans les zones les plus profondes, les plus protégées des regards indiscrets, permettant ainsi une vie de famille agréable. Les chambres à coucher sont situées au premier étage; la cuisine, la salle à manger, le salon et la salle de bains, au rez-de-chaussée. Par contre, l'atelier est situé au nord de la maison, au premier étage, dans une zone ouverte sur l'extérieur et recouverte de verre.

Rooftecture hat zwei Funktionen: Außer einem Wohnhaus wünschte sich der Eigentümer eine Werkstatt, die ruhig und visuell anregend wirkt. Deshalb legte der Architekt die erste Ebene, auf der die Werkstatt liegt, auf einer einzigen Fläche an. Die westliche Seitenmauer ist gewellt und schließt den Raum ab, sie hört an der Ostfassade auf. Um das Haus vom Lärm zu isolieren, wurde die Struktur der Ost-West-Achse mit einer Stahlplatte verkleidet. Die privaten Räume, also Schlafzimmer, Wohnzimmer und Esszimmer, befinden sich vor Blicken geschützt im hinteren Bereich. Hier kann sich die Familie entspannen. Die Schlafzimmer liegen im ersten Stock, die Küche, das Esszimmer, das Wohnzimmer und das Bad im Erdgeschoss. Die Werkstatt im nördlichen Teil des Hauses befindet sich im ersten Stock in einem Bereich, der nach außen offen und mit Glas verkleidet ist.

The three dominant materials in the house are steel, in the structure; wood, in the interior; and glass, in some of the walls.
Les trois matériaux qui prédominent sont l'acier de la structure, le bois de l'intérieur et le verre de certains murs.
Die drei vorherrschenden Materialien sind der Stahl der Struktur, das Holz im Inneren und das Glas an einigen der Wände.

› First floor   Premier étage   Erstes Obergeschoss

› Second floor   Deuxième étage   Zweites Obergeschoss

De Blas House

Alberto Campo Baeza
Sevilla la Nueva, Spain

The De Blas house is a brilliant exercise in architecture, consisting of a glass box poised on top of a concrete platform. It is situated on a hill to the southwest of Madrid, and to the north it enjoys spectacular views of the Sierra. Its concrete platform emerges from the ground and creates an air of solidity, while the functional organization of the house is clear and simple: the bedrooms, living-room and dining-room are placed in the front, facing north; and the services area, bathrooms and circulation are relegated to the back. The rooms display two distinct treatments: to the north, the square windows frame striking panoramic views, and to the south, sunlight filters in through small holes cut into the top of the wall. The glass box above the platform is a kind of watchtower, reached from inside the house.

La maison De Blas est une superbe étude architecturale. L'édifice composé d'une structure de verre posée sur un bloc de béton, est implanté sur le haut d'une colline au sud-ouest de Madrid, et, orienté vers le nord, jouit de splendides vues sur la montagne. Le volume de béton, ancré dans la terre, offre un aspect solide et rond. L'organisation fonctionnelle de ce corps architectural est claire et simple : les chambres à coucher, le salon et la salle à manger sont situés à l'avant de la maison, orientés vers le nord, et la zone de services, salles de bains et couloirs est agencée à l'arrière. Les pièces à vivre de ce niveau intègrent la nature de deux façons distinctes : au nord, les fenêtres carrées délimitent de belles vues panoramiques, et au sud, la lumière et le ciel s'infiltrent par des petites ouvertures percées dans le haut du mur. Le bloc de verre, posé sur la plate-forme, est un mirador accessible depuis la maison.

Das Haus De Blas ist ein architektonisches Meisterwerk. Das Gebäude, das aus einem verglasten Körper auf einem Betonblock besteht, befindet sich auf einem Hügel im Südwesten von Madrid. Richtung Norden hat man einen wunderbaren Blick über die benachbarte Gebirgskette. Der Betonkörper wurde im Boden verankert und wirkt fest und massiv. Die funktionelle Aufteilung ist klar und einfach. Die Schlafzimmer, das Wohnzimmer und das Esszimmer befinden sich im vorderen Teil des Hauses nach Norden, und die funktionellen Bereiche, Badezimmer und Flure liegen nach hinten. Die Räume in diesem Stockwerk schließen die Natur auf zwei verschiedene Weisen ein: Im Norden unterstreichen die quadratischen Fenster den schönen Panoramablick, während im Süden das Licht und der Himmel durch kleine Öffnungen oben in der Wand zu sehen sind. Der Glaskasten auf einer Plattform ist ein verglaster Balkon mit Aussicht, den man vom Wohnhaus aus betritt.

The roof, a white steel expanse crowning the glass box, is supported by eight columns.
La couverture, un plan d'acier peint en blanc, coiffe le mirador soutenu par huit colonnes à profil double.
Das Dach aus flachem, weiß gestrichenen Stahl krönt den Aussichtspunkt, der von acht Säulen mit doppeltem Profil gehalten wird.

› **Longitudinal section** Section longitudinale Längsschnitt

› **Plan** Plan Grundriss

The stairway that connects the box to the rooms acts as a boundary between the kitchen and the living-room.
L'escalier qui communique avec les pièces à vivre joue le rôle d'élément séparateur entre la cuisine et le salon.
Die Verbindungstreppe dient als Trennelement zwischen Küche und Wohnzimmer.

The glass shelter offers spectacular views of the surrounding area.
Le container de verre protège le mirador du haut duquel on peut admirer les splendides vues du paysage environnant.
Vom verglasten Balkon aus hat man einen wunderbaren Ausblick über die umliegende Landschaft.

CH House

BAAS Arquitectes
Barcelona, Spain

This house, designed as a family home for a couple with three children, adapts to its elongated site by taking the shape of a prism whose smaller faces form the main façades. Most of the openings in the outer casing of the house are set in these façades, and the bedrooms are located behind them. The east façade conceals the children's bedrooms, which are arranged in parallel and have independent exits to the exterior. The west façade, dominated by the lounge, dining-room and study, is an exquisite exercise in simplicity. A window emerges from the master bedroom at eye level, and rips open the walls in a daring yet fragile flourish of beauty. The inner courtyard challenges these façades for attention, however, opening at the level of the entrance and dividing the main façades into two clearly defined areas: one contains the nocturnal areas of the house, while the other is given over to the remaining bedrooms and the garden.

Cette maison, conçue comme une habitation familiale pour un couple avec trois enfants, est adaptée au terrain allongé et prend la forme d'un prisme dont les faces plus petites sont occupées par les façades principales, où se concentre la majorité des ouvertures et où se situent les chambres à coucher. La façade accueille les chambres à coucher des enfants, disposées parallèlement et pourvues d'accès indépendants depuis l'extérieur. La façade ouest, dominée par le salon, la salle à manger et le studio, est un exercice architectural d'une simplicité exquise. Une fenêtre située à hauteur de vue de l'observateur émerge de la chambre à coucher principale et déchire le mur, à l'instar d'une fioriture audacieuse à la beauté fragile. Le patio rivalise avec les façades principales pour attirer l'attention, s'ouvrant à la hauteur de l'entrée pour les diviser en deux zones clairement définies : l'une pour les zones de nuit, et la seconde accueillant les autres chambres et le jardin.

Dieses Haus für ein Paar mit drei Kindern hat die Form eines Prismas und steht auf einem langen Grundstück. Seine kleineren Seiten werden von den Hauptfassaden eingenommen. Dort befinden sich die meisten Fenster und die Schlafzimmer. Im Ostteil liegen die Kinderzimmer, die parallel angeordnet sind und jeweils einen unabhängigen Zugang haben, im Westen Wohnzimmer, Esszimmer und Atelier, alles einfach und stilvoll gehalten. Das Fenster auf Augenhöhe im Elternschlafzimmer wirkt wie ein Dekorationsgegenstand von zerbrechlicher Schönheit. Der Innenhof zieht ebenso wie die Fassaden die Aufmerksamkeit auf sich. Er öffnet sich auf Höhe des Eingangs und unterteilt die Hauptfassaden in zwei klar definierte Bereiche: Hinter der einen liegen die Bereiche für die Nacht, hinter der anderen die übrigen Zimmer und der Garten.

The openings in the side walls highlight the simple lines of the façade without disrupting their harmony.
Les creux des murs latéraux rehaussent, sans en rompre l'harmonie, la simplicité des lignes de la façade.
Die Öffnungen an den Seitenwänden unterstreichen die Einfachheit der Fassade, ohne die Harmonie zu zerstören.

› Ground floor Rez-de-chaussée Erdgeschoss

› First floor   Premier étage   Erstes Obergeschoss

The floors, walls and roof are finished in the same material, as is the terrace, and it penetrates into the interior until reaching a glass panel.

Le même revêtement se retrouve sur le sol, les murs et la couverture, y compris la terrasse, et à l'intérieur, il s'étend jusqu'à un panneau de verre.

Am Boden, an den Wänden und an der Decke wurde die gleiche Verkleidung benutzt. Sie ist auch auf der Terrasse zu finden und zieht sich dort bis ins Innere.

The bedrooms are located behind the main façade, which has the greatest number of openings.
Les chambres sont situées sur la façade principale, dotée de la majorité des ouvertures.
Die Schlafzimmer befinden sich an der Hauptfassade, wo die meisten Fenster sind.

Light flows through the various spaces in the house by means of the numerous openings, such as the skylight above the bath or the glass blocks on the top floor.

La lumière afflue des différents espaces à travers de nombreuses ouvertures, à l'instar de la lucarne qui illumine la baignoire ou les blocs de verre du dernier étage.

Das Licht fällt durch zahlreiche Fenster in die Räume. So wird durch ein Dachfenster die Badewanne beschienen.

Schmitz House

Felipe Assadi Figueroa
Calera de Tango, Chile

The commission for this project, located in the Andes on the Chilean coast, entailed designing a house in the middle of an orchard for a couple without children. The final design is based on a concrete block 3 ft. 3 in. high and 8 ft. 5 in. wide, oriented in an east-west direction, that would house the pool and basement, and would also serve as the foundation for the house. The ground floor was situated above this platform, at the height of the branches of the fruit trees: it is a glass and larch box that holds all the common areas in a single diaphanous space closed off only to conceal the bathroom and the guest bedroom. The upper floor, designed in exposed concrete, sits perpendicularly atop this ensemble. The house's north-south orientation means that part of the upper floor projects out in cantilever and casts small areas of the lower façade into shadow. The living-room walls are entirely made of glass and the master bedroom was designed to be predominantly opaque.

Dans ce projet, situé dans les Andes, les montagnes le long de la côte chilienne, il s'agissait de concevoir une maison au milieu d'un champ d'arbres fruitiers pour un couple sans enfants. Cette maison est conçue à partir d'un bloc de béton de 1 m de haut et de 2,7 m de large, orienté est-ouest qui accueille la piscine, le sous-sol et qui en même temps sert de fondations. Au-dessus, le rez-de-chaussée est implanté au niveau de la cime des arbres : un volume conjuguant verre et bois de mélèze qui abrite les zones communes réparties sur un espace unique diaphane que l'on peut fermer uniquement pour masquer les salles de bains et une chambre d'amis. Installé perpendiculairement à l'ensemble, le premier étage est en béton apparent. En raison de sa situation nord-sud, il est construit partiellement en saillie, sculptant ainsi des petites ombres sur les façades inférieures. Le salon est entièrement vitré alors que dans la chambre à coucher principale, c'est l'opaque qui prédomine.

Dieses Haus zwischen den Anden und den Bergen an der Küste von Chile steht inmitten eines Feldes voller Obstbäume. Für ein kinderloses Paar wurde ein 1 m hoher und 2,7 m breiter Betonkasten konstruiert, der in Richtung Westen zeigt und in dem sich der Swimmingpool und der Keller befinden, der gleichzeitig das Fundament des Hauses ist. Auf Höhe der Baumkronen wurde das Erdgeschoss angelegt, eine Konstruktion aus Glas und Lärche, in dem die Gemeinschaftsbereiche in einem einzigen, transparenten Raum liegen, der nur geschlossen wird, um die Bäder und das Gästezimmer zu verbergen. Die obere Ebene des senkrecht angelegten Baus besteht aus unverputztem Beton. Dieses Stockwerk befindet sich auf einem Vorsprung in Nord-Südlage, sodass kleine Schatten auf die unteren Fassaden fallen. Während das Wohnzimmer vollständig verglast ist, ist das Hauptschlafzimmer zum größten Teil undurchsichtig angelegt.

› **Elevation** Élévation Aufriss

The foundation walls also serve as the load-bearing walls for the swimming pool, which is surrounded by a dark-colored wooden deck.
Les fondations servent de murs de soutènement de la piscine entourée d'une terrasse recouverte en lattes de bois foncé.
Die Fundamente wurden als Staumauern für den Swimmingpool benutzt, der von einer mit dunklen Holzlatten belegten Terrasse umgeben ist.

Cabinets are located on both sides of the kitchen supported by slender metal columns.
Le meuble de la cuisine est composé de deux blocs d'armoires soutenus par des piliers métalliques élancés.
Das Küchenmöbel besteht aus zwei gestreiften Schränken, die von schlanken Metallpfeilern gehalten werden.

› Front elevation Élévation frontale Vorderansicht

› Rear e evation Élévation arrière Hinteransicht

› Longitudinal section Section longitudinale Längsschnitt

Crescent House

Ken Shuttleworth
Wiltshire, UK

Before they started on the design of this house, Ken and Seana Shuttleworth established a framework for it: they needed an ample and light-filled space that would be both functional and committed to the landscape around it. A large curving wall accompanies the visitor, leading the way to the house and drawing one's gaze to a stunning garden. All of the private spaces are located in the semicircle facing northeast, which was made opaque to protect the house from the wind and the gaze of onlookers. The bedrooms, bathrooms and dressing rooms occupy small, contemplative spaces, lit from above. The semicircle facing southeast looks out onto the garden, which can be seen throughout the house thanks to the glass façade. The dining room, kitchen and living room occupy a single continuous space with 10-ft. ceilings, which is inundated with natural light and directly connected to the natural surroundings.

Avant d'initier leur projet de maison, Ken et Seana Shuttleworth ont posé les idées directrices de la conception de leur futur foyer : un espace généreux et lumineux, fonctionnel et adapté au lieu. Un grand mur, tout en courbes, guide le visiteur en sublimant l'accès et en faisant dévier les regards vers le magnifique jardin. Tous les espaces privés sont situés dans l'hémicycle orienté au nord-est, conçu dans une matière opaque pour protéger du vent et des regards indiscrets. Les chambres à coucher, les salles de bains et les dressings occupent des petites pièces ravissantes qui reçoivent la lumière zénithale. Le demi-cercle orienté au sud-est s'ouvre sur le jardin grâce à une façade entièrement vitrée. La salle à manger, la cuisine et le salon occupent un espace unique et continu de 3,5 m de hauteur, inondé de lumière naturelle et directement relié à la nature environnante.

Bevor sie mit der Planung begannen, definierten Ken und Seana Shuttleworth, wie ihr künftiges Heim aussehen sollte. Ein weiter und heller Raum, funktionell und in Harmonie mit der Umgebung. Eine große, gebogene Mauer führt den Besucher zum Eingang, gleichzeitig lenkt sie den Blick auf den wundervollen Garten. Alle Privaträume befinden sich im nordwestlichen, massiv konstruierten Halbkreis, sodass sie sowohl vor dem Wind als auch vor unerwünschten Blicken geschützt sind. Die Schlafzimmer, Bäder und Ankleidezimmer sind kleine, ruhige Räume mit Deckenlicht. Die südöstliche Fassade bildet einen Halbkreis und ist vollständig verglast, sodass sie einen schönen Blick auf den Garten freigibt. Das Esszimmer, die Küche und das Wohnzimmer befinden sich in einem einzigen, durchgehenden, 3,5 m hohen Raum, in den großzügig Tageslicht einfällt und der die umgebende Natur mit einbezieht.

No trees were cut down to build the house and more than one thousand were planted in order to foster a microclimate that reduces energy consumption.

Aucun arbre n'a été abattu et plus de mille arbres ont été plantés pour créer un microclimat permettant de réduire la dépense d'énergie de la maison.

Es wurde kein Baum gefällt, dafür aber über eintausend gepflanzt, um ein energiesparendes Mikroklima zu schaffen.

The house opens onto a spectacular garden to the southeast. The large glass façade blurs the perception of a boundary between interior and exterior.

La maison s'ouvre sur un splendide jardin situé au sud-est. La grande façade de verre atténue la limite entre l'intérieur et l'extérieur de l'habitation.

Das Haus öffnet sich im Südosten auf einen wundervollen Garten. Die große verglaste Fassade lässt die Grenze zwischen Innen und Außen verschwinden.

› Sections   Sections   Schnitte

Pale colors dominate in all the finishes, floors, walls and furniture, so as to fill the home with light.
La dominance des tons clairs des finitions, sols, murs et du mobilier exalte la luminosité intérieure.
Helle Farben dominieren an den Oberflächen, Böden, Wänden und Möbeln. Dadurch wirken die Räume noch heller.

Furniture-House

Shigeru Ban
Yamanaka, Japan

In order to build this house in accordance with the extreme simplicity of the Orient, its architect designed its structure around partitions and a storage area. The house was built using prefabricated furniture units that stretch to the ceiling and function structurally as elements that define the space. Each individual prefabricated unit, which weighs approximately 177 lbs., can easily be manipulated by one person. The six strips of structural furniture, which are used as screens to subdivide the space, create different zones within one continuous space. The architect arranged the elements so that their layout would direct the viewer's gaze towards a large platform, while the large windows, which slide along rails hidden in the floor and the ceiling, link the space in the house with the surrounding landscape.

Pour placer la conception de cette maison sous le signe d'une extrême simplicité orientale, l'architecte en a conçu la structure à partir des cloisons et de la zone domestique. Le système de construction est basé sur des unités de mobilier préfabriquées déterminant la hauteur totale de l'édifice et dont les éléments de structure définissent l'espace : une unité individuelle préfabriquée, pesant environ 80 kg et facilement manœuvrable par une seule personne. Les six unités de meubles de structure, utilisés comme des cloisons, créent différentes zones au sein d'un espace fluide. L'architecte a simplement placé les éléments pour que les tensions orientent le mouvement et le regard vers la plate-forme, alors que les grandes fenêtres coulissantes sur des rails masqués dans le sol et le toit, contribuent à établir le lien entre l'espace de la maison et le paysage environnant.

Dieses Haus wurde in einem extrem einfachen fernöstlichen Stil geplant, wobei der Architekt seine Struktur an die Aufteilungen und den Lagerbereich anpasste. Die Konstruktion basiert auf vorgefertigten Möbeleinheiten, die die Höhe des Gebäudes bestimmen und strukturell als Elemente funktionieren, die den Raum definieren. Eine individuelle, vorgefertigte Einheit wiegt ungefähr 80 kg und kann leicht von einer einzigen Person bewegt werden. Die sechs Streifen mit Strukturmöbeln, die auch als Trennwände dienen, schaffen verschiedene Bereiche in einem einzigen, durchgehenden Raum. Der Architekt stellte einfache Elemente auf, die die Bewegung und den Blick zu einer großen Plattform leiten. Die großen Fenster gleiten auf im Boden und in der Decke verborgenen Schienen, sodass der Wohnraum mit der umgebenden Landschaft verbunden wird.

This system allowed the designer to achieve the desired degree of refinement and to have a minimal impact on the natural environment, even during the construction phase.

Ce système permet d'atteindre le degré de dépouillement désiré avec une incidence minimale sur l'environnement naturel, y compris sur le déroulement de la phase de construction.

Durch dieses System wird der gewünschte Grad an Reinheit erreicht und es beeinflusst die umgebende Natur kaum. Schon in der Bauphase wurde die Natur sehr schonend behandelt.

The boundaries between the areas of circulation and the living areas are practically non-existent, or are very subtly marked.
Les limites entre les espaces de circulation et les pièces à vivre sont pratiquement inexistantes et sont définies tout en subtilité.
Es existieren praktisch keine Grenzen zwischen den Wohnbereichen und den Durchgängen, sie werden nur subtil angedeutet.

› Plan Plan Grundriss

› Axonometric view Axonométrie Axonometrische Ansicht

The shelves are organized in accordance with the structure and composition of the bedrooms by exercising vertical and horizontal tension.
Les pièces s'organisent en fonction de la structure et de la composition des chambres, en exerçant des tensions verticales et horizontales.
Die Regale sind der Struktur und Gestaltung der Zimmer entsprechend organisiert und verursachen eine vertikale oder horizontale Spannung.

Mediterranean Dwelling

Carlo Donati
Milan, Italy

This rectangular home, located in an industrial area, was built on the site of a demolished building, which served as the volumetric model for its replacement. The structure of the patio—typical of Roman and Mediterranean houses—was maintained, even though the new building does display interventions done in a more contemporary vein. The house was conceived of as being completely open to an extensive garden—which was achieved through the use of sliding glass doors. Likewise, to take advantage of natural daylight, all the bedrooms open on to it. The home is structured around three main areas: the service area, the daytime area and a nocturnal area. The main entrance leads to the living-room, which is 33 ft. long and stretches into the indoor courtyard. The succession of different spaces guarantees a unique vista from any corner of the house.

De plan rectangulaire, cette habitation, située dans une zone industrielle, s'élève à la place d'une construction démolie dont elle s'inspire pour ses volumes. La structure du patio, typique des maisons romaines et méditerranéennes, a été conservée, même si le nouvel édifice présente aussi des traits d'architecture contemporaine. La maison s'ouvre complètement sur le grand jardin – conception réalisée grâce à un système de portes en verre coulissantes – avec toutes les chambres qui donnent sur cet univers de verdure, profitant ainsi de la lumière naturelle du jour. L'habitation s'articule autour de trois espaces principaux : domestique, de jour et de nuit. L'entrée principale mène jusqu'au salon, long de 10 m environ et qui s'étend jusqu'au patio intérieur. L'enfilade des différentes sphères crée une seule perspective depuis n'importe quel point de l'habitation.

Dieses Wohnhaus mit rechteckigem Grundriss steht in einem Industriegebiet auf einem Abrissgrundstück. Der Vorgängerbau diente als Modell für den Neubau. Die Struktur des Patios, die typisch für römische und mediterrane Häuser ist, wurde beibehalten. Jedoch weist das neue Gebäude auch architektonische Eingriffe im zeitgenössischen Stil auf. Das Haus wurde mithilfe von gläsernen Schiebetüren vollständig offen zum großen Garten hin angelegt. Alle Zimmer sind zu diesem Garten hin ausgerichtet, und das Tageslicht erhellt alle Räume. Das Wohnhaus gliedert sich in drei Hauptbereiche auf: Einen funktionellen Bereich, eine Zone für den Tag und eine für die Nacht. Der Haupteingang führt zum Wohnzimmer, das ungefähr 10 m lang ist und sich bis zum Innenhof erstreckt. Die verschiedenen Wohnumgebungen folgen einander, wodurch eine einzigartige Perspektive von jedem Punkt des Hauses aus entsteht.

From the dining room and the kitchen, there is an unusual view of the pool, which is transformed into a decorative and functional element.
Depuis la salle à manger et la cuisine, la perspective inhabituelle sur la piscine en fait un élément décoratif et fonctionnel.
Vom Esszimmer und der Küche aus hat man einen Blick auf den Swimmingpool, der zu einem dekorativen und funktionellen Element wird.

› Plan Plan Grundriss

› Cross section   Section transversale   Querschnitt

› Longitudinal section   Section longitudinale   Längsschnitt

House on Iritahama Beach

Klein Dytham Architecture
Shizuoka, Japan

The location, distinguished by a sloping terrain, offers this house luxurious views of Iritahama Beach, which is considered to be one of the most beautiful in all of Japan. The main challenge in designing this house was to maintain the 270° panoramic views, which explains the practically transparent enclosure-while still protecting it from typhoons, the sun and the gaze of onlookers. The foundation of the house was built with screens of reinforced concrete to lend rigidity to the platform upon which the rest of the house stands, and a covering of perforated slats was attached to metal rails to span the length of the façade. This system can be manipulated to vary the amount of light that can filter in and at the same time to protect the house in bad weather.

La situation privilégiée que l'inclinaison du terrain confère à cette habitation, lui offre des vues splendides sur la plage d'Iritahama, considérée comme étant une des plus belles de tout le Japon. Le principal défi conceptuel consistait à préserve l'angle de vue de 270° offert à l'édifice par l'enclave – obtenu par un écran pratiquement transparent – et en même temps le protéger des typhons, du soleil et des regards indiscrets. Le système de construction comporte des fondations à base de panneaux de béton armé qui rendent la structure rigide et qui soutiennent une plate-forme sur laquelle le reste de l'édifice s'appuie et une coque de plaques perforées montées sur rails métalliques tout le long de la façade. Ce système permet de moduler la filtration de la lumière et sert en même temps de protection contre les intempéries.

Dieses Haus steht auf einem Grundstück mit einem schönen Blick auf den Strand von Iritahama, vielleicht einem der schönsten von ganz Japan. Ziel der Planung war es, den Sichtwinkel von 270°, den es auf dem Grundstück gab, beizubehalten, weshalb die Mauern fast transparent sind, aber dennoch das Haus vor Taifunen, der Sonne und indiskreten Blicken schützen. Das Haus besitzt ein Fundament aus verschiedenen Abschirmungen aus Stahlbeton, die der Struktur Festigkeit geben und eine Plattform halten, auf der das übrige Gebäude steht. Die gesamte Fassade ist mit gelochten Platten verkleidet, die auf Metallschienen montiert sind. Diese Verkleidung kann eingestellt werden, um verschiedene Lichtmengen einzulassen und vor ungünstigen Wetterbedingungen zu schützen.

To the right, a perforated slat allows for the façade of the house to be completely closed to protect it from strong winds.
À droite, la plaque perforée permet de fermer complètement la façade de la maison pour la protéger des vents violents.
Auf der rechten Seite kann man mit einer gelochten Platte die Fassade des Hauses vollständig schließen, um sie vor Wind zu schützen.

The main sitting room was designed as an open and continuous space that offers panoramic views of Iritahama Beach.
Le salon principal se présente comme un espace ouvert et fluide qui jouit de la vue panoramique sur la plage d'Iritahama.
Das Wohnzimmer ist ein offener und durchgehender Raum, von dem aus man einen Panoramablick auf den Strand von Iritahama hat.

The sitting room was conceived as a diaphanous space with furnishings, thus favoring a visual relationship with the surrounding area.

Le salon est conçu comme un espace diaphane, minimaliste sur le plan du mobilier, choix qui favorise la communication visuelle avec l'espace environnant.

Der transparente, minimalistisch mit wenigen Möbeln eingerichtete Raum verstärkt den visuellen Dialog mit der Umgebung.

Eremo Residence

**Duilio Damilano +
Erika Morandi**
Cuneo, Italy

This single-story, rectangular house is located in a breathtaking landscape with the Alps as its backdrop. As it is nestled on a high hill, this house enjoys unbeatable views. The distribution of the interior is linear: the kitchen and the lounge are located at one end, with access to the bedroom and service areas. A curving stone wall and a wooden bed suspended from the ceiling by steel cables are two of the elements that stand out in this otherwise neutral and relaxing home. The materials used in the house illustrate the dialogue between structure and landscape; natural components such as wood and stone are used in different ways and are present both inside and out.

Cette habitation est située dans un paysage évocateur et grandiose avec les Alpes pour cadre. Située en haut d'une colline, cette construction rectangulaire est d'un seul niveau et peut tirer parti de la singularité du site. La distribution intérieure est linéaire : la cuisine et le salon, situés à une des extrémités, sont contigus à la salle à manger qui permet d'accéder aux chambres et aux zones de service. Un mur de pierre cintré et un lit suspendu au toit par des câbles d'acier sont les deux éléments qui se détachent de ce logis neutre et décontracté. Le choix des matériaux laisse transparaître le dialogue de la structure avec l'environnement : les composantes naturelles, telles que le bois et la pierre, sont employées de différentes manières et se retrouvent tant à l'extérieur qu'à l'intérieur.

Dieses Wohnhaus befindet sich in einer wunderschönen Gegend am Fuße der Alpen. Es liegt auf einem Hügel, ist nur ein Stockwerk hoch und rechteckig angelegt, und die umgebende Landschaft macht es einzigartig. Innen sind die Räume linear verteilt: Die Küche und das Wohnzimmer befinden sich an einem Ende, es folgt das Esszimmer, von dem aus man die Schlafzimmer und die funktionellen Bereiche betritt. Eine gekrümmte Steinwand und ein Holzbett, das mit Stahlkabeln an der Decke aufgehängt ist, sind zwei der Elemente, die in dieser neutral und ruhig wirkenden Wohnumgebung auffallen. Durch die Auswahl der Materialien entstand ein Dialog zwischen Struktur und Umgebung. Natürliche Komponenten wie Holz und Stein werden auf verschiedene Arten verwendet und sind sowohl innen als auch außen anzutreffen.

The façade opens on to the garden and combines aluminum, glass and local stone to lend expressiveness to the ensemble.

La façade s'ouvre sur le jardin, et en associant l'aluminium, le verre et la pierre de la région, donne du caractère à l'ensemble.

Die Fassade öffnet sich zum Garten. Die Kombination von Aluminium, Glas und Steinen aus der Umgebung verleihen dem Gebäude einen besonderen Charakter.

› **Cross sections** Sections transversales Querschnitte

› **Longitudinal section** Section longitudinale Längsschnitt

The interior is designed to take advantage of the stunning views and to achieve a maximum visual connection with the outdoors.
L'intérieur est conçu pour profiter des vues privilégiées, créant ainsi le maximum de lien visuel avec l'extérieur.
Aus den Räumen hat man einen wundervollen Ausblick, und es besteht eine starke, visuelle Verbindung zwischen Innen und Außen.

Residence in Pacific Palisades

Studio Bau:ton
Los Angeles, USA

Designed in 1949 by Richard Neutra for screenwriters Benedict and Nancy Freedman, this complex emerges atop a vast site and enjoys spectacular views of the sea. Between 1959 and 1988, a number of different architects carried out additions to the house. Studio Bau:ton was at the helm during the mid-1990s, and over the space of the next ten years completed the shed, fence, doors, entry stairs and the overall design of the garden. A reflecting pool was built next to the entrance and the fence was also repainted in its original ruddy color. From 1999 to 2002, a second floor was added, with two bedrooms and bathrooms, the main bedroom was enlarged and the kitchen was re-modeled. These new incorporations were blended into the original structure, and the basic idea of unimpeded flow between interior and exterior was both maintained and reinforced throughout the house.

Conçu en 1949 par Richard Neutra pour les scénaristes Benedict et Nancy Freedman, ce complexe est implanté sur un grand terrain et jouit de vues privilégiées sur la mer. Entre 1959 et 1988 divers architectes ajoutèrent certains éléments. Le studio Bau:ton s'est chargé du projet au milieu des années quatre-vingt et durant cette décennie, les éléments extérieurs manquant furent terminés : auvent, barrières, portes, escaliers d'entrée et conception générale du jardin. Un étang a été placé à côté de l'entrée et les barrières ont retrouvé leur aspect original en bois peint rouge. De 1999 à 2002, l'addition d'un second étage a été entreprise, accueillant deux chambres à coucher et des salles de bains, ainsi que l'agrandissement de la salle de bains principale et la réhabilitation de la cuisine. Les nouveaux éléments se mêlèrent à la structure d'origine, et l'idée de base d'une ouverture fluide entre l'intérieur et l'extérieur a été maintenue et accentuée dans toutes les zones.

Dieser 1949 von Richard Neutra für die Drehbuchautoren Benedict und Nancy Freedman entworfene Gebäudekomplex steht auf einem großen Grundstück mit einem wundervollen Blick aufs Meer. Zwischen 1959 und 1988 fügten mehrere Architekten neue Anbauten hinzu. Das Studio Bau:ton übernahm dieses Projekt Mitte der 1990er-Jahre und widmete sich der Ergänzung fehlender äußerer Elemente, wie einem Vordach, Abdeckungen, Türen, Eingangstreppen, und der Gartengestaltung. Es wurde auch ein Teich am Eingang angelegt und die Abdeckungen aus rötlich gestrichenem Holz restauriert. Zwischen 1999 und 2002 errichteten sie ein zweites Geschoss mit Schlafzimmern und Bädern, das Hauptbad wurde erweitert und die Küche umgebaut. Die neuen Anbauten mischen sich mit der Originalstruktur. Überall im Gebäude sollte ein fließender Übergang zwischen Innen und Außen entstehen.

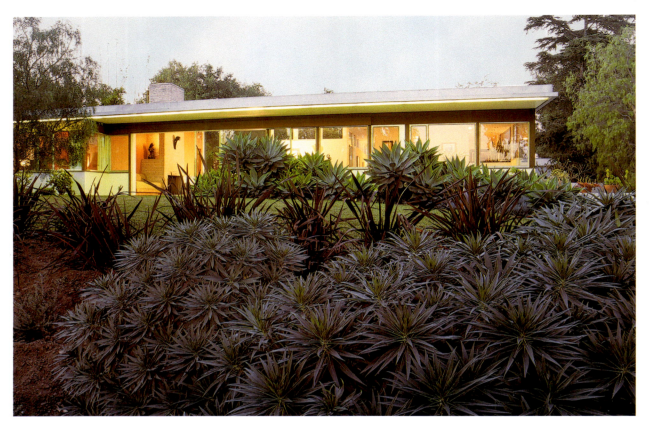

Although the house was renovated in a gradual fashion over the years, the spirit of continuity through the generations has not been lost.

La restauration de la résidence s'est faite progressivement, au fil des années, sans nuire à l'esprit de continuité entre les différentes générations.

Das Haus wurde im Laufe der Jahre allmählich umgebaut, was jedoch den Geist der Kontinuität zwischen den verschiedenen Generationen nicht beeinträchtigt hat.

› **Perspective** Perspective Perspektivzeichnung

In some parts of the house, the renovation included new pieces of furniture that comprised integral parts of the structure.

Dans certaines parties de l'habitation, le concept de restauration inclut le choix d'éléments de mobilier, qui sont parties intégrantes de la structure.

In einigen Teilen des Hauses wurden neue Möbel als Bestandteil der Struktur aufgenommen.

The dense structure of the house contrasts with the open garden that slopes down towards the Pacific, which can be seen from the living room through a series of large windows.

La grande densité structurelle contraste avec le jardin ouvert qui se tourne vers l'océan, visible depuis le salon grâce à de larges baies vitrées.

Die große strukturelle Dichte steht im Gegensatz zu dem offenen Garten, der sich zum Meer hin neigt, das man vom Wohnzimmer aus durch große Fenster sehen kann.

Set aside in a nook on the ground floor, a shower totally open to the garden allows one to wash amidst the tranquillity of nature.

Au rez-de-chaussée, située dans un espace protégé, une douche totalement ouverte sur le terrain permet de s'arroser dans le calme qui émane de ce lieu.

Im Erdgeschoss befindet sich in einer dafür gestalteten Zone eine Dusche, die ganz zum Garten hin geöffnet ist. Hier kann man die Ruhe des Ortes genießen.

Studio Pescia
Lissago, Italy

Chalet in Lissago

The objective of the renovation of this house was to achieve a maximum influx of light by means of a structure made up of linear forms. Deliberate cuts were made in the inside walls, some of which establish a relationship with the exterior and others which create links between the various spaces of the house. The stairs serve as the central element of the public area, and the kitchen was built in a strategically chosen location with views of the children's bedroom and the garden. A partition separates the stairs from the dining room, which is open to the living room. To foster a visual connection with the exterior, the floor of the porch was made of wooden slats and is bathed in light from above thanks to a series of large skylights. From the porch, one can enjoy a pleasant view of the garden and the pool, which is surrounded by a deck crafted in iroko wood.

Cette habitation a été restaurée dans le but d'obtenir un maximum de lumière grâce à une structure aux formes linéaires. Les murs intérieurs ont été pourvus d'ouvertures soigneusement étudiées, les unes pour établir un lien avec l'extérieur et les autres pour relier les divers espaces de la maison. L'escalier est l'élément central de la zone commune et la cuisine, un lieu de séjour stratégique d'où l'on aperçoit la chambre des enfants et le jardin. Une cloison sépare les escaliers de la salle à manger reliée au salon. L'atrium est recouvert de boiseries et baigné de lumière zénithale grâce à des fenêtres de toit, accentuant ainsi le lien visuel avec l'extérieur. Cela permet d'avoir une vue agréable sur le jardin et la piscine, entourée d'un plancher de bois d'iroko.

Ziel der Renovierung dieses Wohnhauses war es, Licht als ein wichtiges Gestaltungselement zu nutzen, was durch eine Struktur mit linearen Formen erreicht wurde. An den Innenwänden schuf man einige Öffnungen, von denen manche eine Beziehung zwischen Außen und Innen schaffen und andere die verschiedenen Bereiche der Wohnung miteinander verbinden. Die Treppe dient als zentrales Element im Wohnbereich, die Küche befindet sich an einem strategisch günstigen Ort, von dem aus man das Kinderzimmer und den Garten sieht. Ein Raumteiler trennt die Treppe vom Esszimmer, das mit dem Wohnzimmer verbunden ist. Um die visuelle Verbindung nach außen zu verbessern, wurde der Boden der Veranda mit Holz belegt und durch Dachfenster fällt viel Licht von oben auf diese Veranda ein. Von hier aus hat man einen schönen Blick auf den Garten und den Swimmingpool, der von einem Boden aus Iroko umgeben ist.

The most distinctive characteristics of this house are its spectacular garden and pool, which are visible from the porch.
Les caractéristiques notables de cette maison sont le jardin spectaculaire et sa piscine que l'on peut admirer depuis l'atrium.
Was dieses Haus so besonders macht, ist der wundervolle Garten mit dem Swimmingpool, den man von der Veranda aus genießen kann.

› **Plan** Plan Grundriss

The kitchen is located directly behind the stairs and is completely separated from the living-room.
La cuisine, située juste derrière l'escalier, est totalement séparée du salon.
Die Küche liegt genau hinter der Treppe und ist so völlig vom Wohnzimmer abgetrennt.

Beech parquet was used to floor the dining-room and the bedrooms. The living-room and the dining-room share one single open space.

Le parquet de la salle à manger et des chambres est en bois de hêtre. Le salon et la salle à manger se partagent le même espace ouvert.

Für die Fußböden des Esszimmers und der Schlafzimmer wurde Buchenparkett benutzt. Das Wohn- und Esszimmer befinden sich in einem einzigen, offenen Raum.

Tennessee River Residence

Buildingstudio
Tennessee, USA

This house sits atop the edge of a dramatic cliff over the Tennessee River, to the east of Shiloh National Park. This peculiar enclave houses the owner's collections of contemporary photography and pre-Columbian art, in a building that detaches itself from the highest level and divides itself downward into three different levels. The living room and the dining room, as a final touch to the composition and in contrast with the previously linear scheme, are located in a double-height glass-lined space. The bedrooms are on the floor below, with a closer view of the surrounding trees and relax in greater intimacy. The materials chosen reinforce the general scheme of the house: brick at the base to adapt to the soil, glass surfaces and galvanized aluminum for the roof.

Cette construction surplombe une forte pente qui s'évanouit dans le fleuve Tennessee, à l'est du Parc National de Shiloh. C'est une enclave qui héberge les collections de photographie contemporaine et d'art précolombien du propriétaire, dans un édifice qui se décroche de la partie supérieure du terrain pour se diviser en trois niveaux distincts. Le salon et la salle à manger, point d'orgue de la construction, contrastant avec le schéma linéaire antérieur, s'inscrivent dans un espace entièrement vitré sur deux hauteurs. Les chambres sont situées au niveau inférieur qui offre une vue plus proche de la nature créant ainsi une atmosphère plus intime et protégée. Les matériaux exaltent le schéma global de la maison : base en briques épousant le terrain, superficies de verre et d'aluminium galvanisé pour la couverture.

Dieses Haus steht am Rand eines steilen Hangs, der sich zum Fluss Tennessee im Osten des Nationalparks Shiloh neigt. An diesem besonderen Ort wurden die Sammlungen zeitgenössischer Fotografie und präkolumbischer Kunst des Besitzers untergebracht. Das Gebäude neigt sich vom höchsten Teil des Grundstücks herunter und teilt sich in drei Ebenen auf. Das Wohn- und Esszimmer wurden als Abschluss der Komposition und im Gegensatz zu dem vorherigen linearen Schema als ein verglaster Raum doppelter Höhe angelegt. Die Schlafzimmer befinden sich im untersten Stockwerk, wo man einen besseren Blick auf die Vegetation hat. Dadurch wird hier die Atmosphäre intimer und geschützter. Das allgemeine Konzept des Hauses wird durch die Materialien unterstrichen: Ziegelstein im unteren Bereich, der sich an den Boden anpasst, auf dem Dach Flächen aus Glas und galvanisierten Aluminium.

The site is located on a cliff 120 ft. up from the west bank of the river, which grants it an unequaled panoramic view.
Le terrain est situé à 36 m au-dessus du niveau de l'eau sur le côté est de la falaise, offrant une vue panoramique incomparable.
Das Grundstück liegt 36 m über der Wasseroberfläche im Westen der Schlucht, sodass man einen fantastischen Panoramablick hat.

The longitudinal flow extends throughout the house until reaching the living room, which is perched right at the edge of the cliff.

Le schéma longitudinal s'étend tout le long de la façade pour s'arrêter au salon, juste au bord de la falaise.

Entlang ces gesamten Gebäudes verläuft ein Weg, der bis zum Wohnzimmer direkt neben der Schlucht führt.

Gastropod House

Olavi Koponen
Espoo, Finland

The architect came up with the idea for this dwelling one day when he wrapped a block of polystyrene around a fixed body. This simple gesture unleashed his imagination. Transferred to this example, the central body is the chimney stack. The spiral-shaped organization bends the living spaces in an endless curve that creates a continually changing slope in the floors. The designer wanted to highlight the most important characteristics of traditional Finnish architecture: simplicity and friendliness. The main element used is wood: the house is formed from 180 prefabricated wood parts. These were mounted around a central concrete block and partly braced to a series of steel structures. The façades are clad with Russian birch panels and the interior walls are covered with poplar. The floorings on the first floor are made of cement, creating what seems to be a reversal of the traditional uses of materials.

L'architecte a conçu cette résidence le jour où il a tordu une barre de polystyrène autour d'un point fixe. Un simple geste qui a réveillé son imagination. Dans le cas de ce projet, le conduit de la cheminée représente l'axe central de la maison. Les différents espaces sont distribués le long d'une courbe en spirale infinie, provoquant un changement continu d'inclinaison du sol. Cette construction met en avant la simplicité et la chaleur des ambiances, caractéristiques de l'architecture traditionnelle finlandaise. L'architecte a également eu recours au bois pour élaborer les 180 pièces préfabriquées disposées autour d'un bloc central en béton et fixées à une série de structures en acier. Des bardeaux en bouleau de Russie ont été utilisés pour la surface extérieure, et du peuplier recouvre les surfaces intérieures. L'utilisation habituelle des différents matériaux a apparemment été inversée, entraînant la construction de sols en béton pour le rez-de-chaussée.

Der Architekt ersann dieses Haus eines Tages, als er eine Polystyrenstange um einen festen Punkt bog. Diese einfache Geste regte seine Fantasie an. Bei diesem Haus wird die Zentralachse vom Kaminrohr gebildet. Die spiralförmige Anordnung verteilt die Bereiche auf eine unendliche Kurve, die wiederum einen ständigen Neigungswechsel am Boden verursacht. Für den Designer sind Einfachheit und gemütliche Wohnumgebungen die herausragendsten Eigenschaften der traditionellen finnischen Architektur. Gerade diese Eigenschaften wollte er mit diesem Projekt hervorheben. Das vorherrschenden Material ist Holz. 180 Fertigholzteile sind um einen zentralen Betonblock herum angebracht sowie teilweise an einer Reihe von Stahlstrukturen verankert und verleihen dem Haus Form. Die Außenfläche ist mit Brettern aus russischer Birke vertäfelt, während die Innenflächen mit Pappelholz verkleidet sind. Als scheinbare Umkehr der üblichen Verwendungszwecke der einzelnen Baumaterialien sind die Böden im Erdgeschoss aus Zement.

The wood panels used to clad the exterior walls were mounted by hand. This laborious task lasted for most of the 13-month construction process.

La pose des bardeaux en bois utilisés comme revêtement est artisanale, et a requis la majeure partie des 13 mois nécessaires à la construction.

Die als Verkleidung eingesetzten Holzbretter wurden eigenhändig angebracht. Diese Arbeit nahm einen Großteil der 13 Monate langen Bauzeit ein.

Cutipol House

Criação e Estudios de Arquitectura e Engenharia
Guimarães, Portugal

In order to adapt this house to the specific characteristics of a highly uneven terrain, its architects focused on protecting the privacy of its occupants, even though doing so could affect the main façade of the house for the worse. The idea was to create as simple a shape as possible, with clearly defined lines and spaces that would blend in with the landscape. To achieve this, they designed a two-level volume that would adapt to the uneven ground, in such a way that the transition between the two would be linear. This unusual arrangement allowed them to open several parts of the house on to a series of terraces. The ground floor, on the lower part of the site, is joined to a large courtyard containing a semi-enclosed pool-this prevents sunlight from entering directly into the interior. A stairway leads to the upper floor, which houses the foyer, living-room, bathrooms and bedrooms.

Pour adapter cette maison à un terrain très irrégulier, aux données particulières, les architectes ont choisi de privilégier les meilleures vues tout en protégeant l'intimité des habitants, même au détriment de la façade principale de la maison. Ils ont opté pour la forme la plus simple possible, aux lignes clairement définies, dotée d'espaces en harmonie avec le paysage environnant. Pour y parvenir, ils ont conçu un volume sur deux niveaux épousant la configuration du sol, créant ainsi une transition linéaire entre les deux. Cette disposition inhabituelle a permis d'ouvrir certaines parties de la maison sur les terrasses. Le rez-de-chaussée, situé en contre-bas de la pente, est réuni à un grand patio contenant une piscine semi-couverte, pour que le soleil ne puisse pénétrer directement à l'intérieur. Un escalier mène à l'étage supérieur où se trouve l'entrée de la maison, le salon, les salles de bains et les chambres à coucher.

Um dieses Haus an das sehr unregelmäßige Gelände anzupassen, haben sich die Architekten darauf konzentriert, für eine ausgezeichnete Aussicht und gleichzeitig eine geschützte Intimsphäre zu sorgen, auch wenn sich dies negativ auf die Hauptfassade des Hauses auswirken sollte. Man wollte eine einfache Form schaffen, klar definierte Linien und Räume, die mit der umgebenden Landschaft im Einklang stehen. Dazu wurde ein Gebäude auf zwei Ebenen angelegt, das sich an die unregelmäßige Bodenform anpasst und so einen linearen Übergang schafft. Diese ungewöhnliche Aufteilung ermöglichte es, einige der Räume zu den Terrassen zu öffnen. Das Erdgeschoss, das am unteren Teil des Hangs liegt, führt zu einem großen Hof mit einem teilweise überdachten Swimmingpool, auf den die Sonne nicht direkt scheint. Eine Treppe führt zum Obergeschoss, in dem sich der Eingangsbereich, das Wohnzimmer, die Bäder und die Schlafzimmer befinden.

› **Section** Section Schnitt

› Ground floor   Rez-de-chaussée   Erdgeschoss

Greek Design
Girona, Spain

Aiguablava

The Aiguablava House is the result of the renovation of an existing residence that, despite its prime location, was not oriented towards the sea, and thus lacked views of the water. For this reason, the objective of the project was to open the house on to the sea. The rear façade, which faces the cove, gained importance, as its windows were replaced with glass walls; the main façade, however, conserved its opaque walls to remain in harmony with its surroundings. The exterior was painted white, as were the stairs and handrails, to create the air of a traditional Mediterranean house, while hanging gardens were laid on the gentle slope that leads from the entrance to the swimming pool. The interiors were rehabilitated to achieve a generously lit, spacious living room that enjoys views of the garden and the sea beyond. The furniture was chosen carefully: white pieces were combined with splashes of black to give a touch of color.

La maison Aiguablava résulte de la restauration d'une habitation préexistante, qui, malgré sa situation privilégiée, n'étant pas orientée vers la mer manquait de vues. C'est pour cette raison que l'objectif de ce projet était d'ouvrir la maison sur la mer. La façade arrière, qui donne sur la calanque, paraît au final plus grande car les fenêtres se sont transformées en murs de verre. Par contre, la façade principale a préservé ses murs opaques pour rester en harmonie avec les alentours. L'extérieur a été peint en blanc, comme les escaliers et les balustrades, à l'image de l'architecture méditerranéenne traditionnelle. La pente douce qui descend de l'entrée vers la piscine est agrémentée de jardins en terrasse. Les intérieurs ont été transformés en un grand salon regardant sur le jardin et la mer, inondé de lumière naturelle qui se diffuse dans toute la maison. Le mobilier a été soigneusement choisi : blanc et noir, il apporte une touche de couleur.

Dieses Haus entstand durch die Renovierung eines bereits existierenden Hauses, das zwar an einem wundervollen Ort stand, aber nicht zum Meer hin lag und so keinen Ausblick bot. Deshalb sollte das Haus zum Meer hin geöffnet werden. Die hintere Fassade, die zur Bucht liegt, wurde komplett verglast und gewann so an Bedeutung. Die Hauptfassade hingegen behielt ihre undurchsichtigen Mauern, um die Harmonie mit der Umgebung zu bewahren. Das Haus wurde außen weiß gestrichen, ebenso die Treppen und Geländer, eine Anpassung an die traditionelle mediterrane Architektur. Der leichte Abhang vom Eingang zum Swimmingpool wurde für hängende Gärten genutzt. Innen wurde ein großes Wohnzimmer mit Blick auf den Garten und das Meer geschaffen, in das reichlich Tageslicht fällt, das das ganze Haus erhellt. Die Möbel sind weiß und haben kleine schwarze Einschübe, die alles etwas farbiger wirken lassen.

The bedroom and the bathroom reflect the simple shapes and white décor that dominate the entire house.
La chambre à coucher et la salle de bains reflètent les formes simples et prônent un décor blanc qui domine tout l'ensemble.
Schlafzimmer und Badezimmer weisen dieselben einfachen Formen und die weiße Dekoration auf, wie das gesamte restliche Haus.

Cromer Residence

Jeremy Wolveridge
Melbourne, Australia

This ensemble comprises a pair of two-story volumes joined by a structure that serves as the entrance to the home. The arrangement with respect to the terrain is different in each block: one is parallel to the site, while the other crosses it slightly. The second block is distinctive in that its lower level is set back considerably from a first floor resting on a series of beams, one of which extends beyond the structure. This upper floor presents a diaphanous interior with two levels, and contains the daytime areas: the kitchen and dining room are on one level and the living room on the other. The kitchen counter extends all the way into the living room and acts as a bar, which reinforces the connection between the two spaces. Both the forms and the range of materials used are reminiscent of the architecture of the Australian coast.

Cet ensemble est composé de deux volumes de deux étages unis par un bloc qui sert d'accès à l'habitation. La disposition sur le terrain n'est pas la même pour les deux volumes : l'un est parallèle au terrain, et l'autre est légèrement en biais. Ce dernier volume présente une particularité : l'étage inférieur est considérablement en retrait du rez-de-chaussée qui s'appuie sur des poutres, une d'entre elles dépassant de la structure. L'étage supérieur est doté d'un intérieur diaphane à deux niveaux et accueille les zones de jour : cuisine et salle à manger sur un niveau et salon sur l'autre. Le comptoir de la cuisine se prolonge jusque dans la salle à manger et sert de bar, ce qui sublime le lien entre les deux espaces. Les réminiscences de l'architecture australienne côtière se retrouvent tant dans les formes architecturales que dans l'éventail de matériaux utilisés.

Dieses Haus ist in zwei doppelstöckigen Blöcken angelegt, die durch einen Körper verbunden sind, in dem der Zugang liegt. Die beiden Blöcke sind in ihrer Anordnung auf dem Gelände unterschiedlich. Einer verläuft parallel zum Grundstück, während der andere es leicht durchquert. Letzterer hat ein ganz besonderes Kennzeichen: das untere Geschoss ist etwas vom ersten Stock zurückgesetzt, und der erste Stock steht auf Pfeilern, die über die Struktur auskragen. Dieses Obergeschoss hat transparente Räume auf zwei Ebenen, in denen die Bereiche für den Tag liegen: Küche und Esszimmer auf einer Ebene und das Wohnzimmer auf der anderen. Die Küchentheke reicht bis ins Wohnzimmer und dient als Bar, sodass beide Räume miteinander verbunden sind. Sowohl die architektonischen Formen als auch die vielfältigen verwendeten Materialien spielen auf die für die australische Küste typische Architektur an.

The massive cubes, the cantilevered upper stories and the materials are typical of Australian coastal architecture.

Les cubes massifs, les étages en encorbellement et les matériaux employés sont typiques de l'architecture côtière australienne.

Die massiven Würfel, die Stockwerke auf Vorsprüngen und die verwendeten Materialien sind typisch für die Architektur an der Küste Australiens.

› Sections Sections Schnitte

The materials used in the interior include dark wood, hardwood floors and a plaster finish on the walls.
Les matériaux employés pour les intérieurs déclinent menuiseries sombres, sols en bois noble et finitions en plâtre sur les murs.
Die im Inneren verwendeten Materialien sind dunkle Holzrahmen, Böden aus edlem Holz und Gips an den Wänden.

House on Cascade Lake

Eric Cobb Architects
Cascade Mountains, USA

The peacefulness and beauty of this area make it a perfect enclave for a getaway residence. The ensemble, which comprises two volumes, is adapted to its dramatically sloping site. The top floor of the three levels is rotated with respect to the lower two and crowned with a sloping roof ending in a cantilever. This floor contains the sitting-room and dining-room, visually separated by the kitchen. The two lower levels hold the bedrooms, which are distributed consecutively along the length of the façade, so that they all benefit from the spectacular views of the lake. The other volume, which connects the main part of the house to the ground, has two stories: the top floor contains the entrance to the house, as well as space for two cars, and the lower level is for services. At the owner's request, a double-height rock-climbing wall was built, which also serves to link two bedrooms.

La tranquillité et la beauté qui émanent de ce lieu en font une enclave idéale, métamorphosant cette résidence en havre de paix et de repos. L'ensemble s'adapte parfaitement à la forte inclinaison du terrain par le biais de ses volumes. L'un des trois niveaux dispose d'un étage supérieur en rotation sur les autres, coiffé d'une toiture inclinée qui s'achève en encorbellement. Cet étage dispose d'un salon et d'une salle à manger, séparés visuellement par la cuisine. Les deux niveaux restants accueillent les chambres à coucher, distribuées en enfilade le long du pourtour de la façade, profitant ainsi des vues spectaculaires sur le lac. L'autre volume, que le terrain relie au bloc principal, dispose de deux niveaux : le niveau supérieur comprend l'accès et une aire de stationnement de deux places, et l'inférieur est réservé aux services. Pour satisfaire la demande du propriétaire, un mur couvrant deux hauteurs est consacré à l'entraînement de l'escalade, solution qui sert de lien entre deux chambres.

Die Ruhe und Schönheit der Natur machen diesen Ort ideal für ein Ferienhaus. Das Haus passt sich an die starke Neigung an, indem es in zwei Teilen angelegt wurde. Ein Teil hat drei Stockwerke, von denen das oberste verdreht über den beiden anderen liegt, und wird von einem Dach mit Vorsprung gekrönt. In diesem Stockwerk liegen das Wohn- und Esszimmer, die visuell durch die Küche getrennt werden. Auf den anderen beiden Ebenen liegen die Schlafzimmer, die sich hintereinander an der Fassade entlang erstrecken, sodass man von allen Zimmern einen wundervollen Blick auf den See hat. Der andere Gebäudeteil, der das Grundstück mit dem Hauptgebäude verbindet, hat zwei Stockwerke. Im oberen Stockwerk liegen der Eingang und ein Parkplatz für zwei Autos und im unteren Teil die Installationen und funktionellen Bereiche. Für den Hausherrn wurde eine steinerne Kletterwand doppelter Höhe angelegt, die zwei Räume miteinander verbindet.

The balcony reinforces the cantilever of the upper volume and also functions as an overlook, given its ideal location.
Le balcon fait fonction de galerie exaltant l'encorbellement du volume supérieur à l'instar d'un mirador, dû à sa situation privilégiée.
Der Balkon ist gleichzeitig eine Galerie, die den oberen Vorsprung stützt und als Aussichtspunkt dient.

› Section   Section   Schnitt

The cozy ambience of the interior was achieved through the use of light-toned wood throughout.
Les tons clairs de bois, omniprésents dans la maison, créent une ambiance intérieure accueillante.
Die klaren Holztöne im ganzen Haus schaffen eine einladende und warme Atmosphäre.

A number of surprising corners, such as a ship's cabin behind a doorway, conceal folding beds for extra guests if the need should arise.

Plusieurs coins insolites –derrière une porte, une cabine– cachent des lits pliants pour, le cas échéant, héberger un plus grand nombre de personnes.

In verschiedenen, ungewöhnlichen Ecken wie hinter einer Tür oder in einer Kabine befinden sich Klappbetten, um nötigenfalls viele Gäste unterbringen zu können.

Materials of a similar texture were used in the common areas, such as the kitchen, to enhance the spatial fluidity.

Dans les zones communes, à l'instar de la cuisine, l'emploi de matériaux de textures similaires accentue la fluidité spatiale.

In den gemeinsamen Bereichen wie der Küche wurden Materialien ähnlicher Textur eingesetzt, um das Fließen des Raumes zu unterstreichen.

Wilson Residence

David Salmela
Minnesota, USA

This rocky outcrop on the shores of Lake Vermillion is the site of a house designed to focus the attention on the views of the surrounding area. A series of parallel shapes flanks the main living room, which is the most important area in the house and the nucleus from which the remaining rooms are articulated. The master bedroom is oriented westward, while the remaining rooms face east. The formality of the two volumes is suddenly broken by a rocky outcrop and the systematic variation in the fenestration. The living-room window has a Victorian-style shutter that leads on to a covered terrace and creates a transitional space between the interior of the house and its rugged surroundings. In contrast, the courtyard is designed on a smaller scale, to enclose and conceal the vistas of the lake before entering the house.

Cette enclave rocheuse sur les rives du lac Vermillion accueille une maison dont l'implantation tient compte avant tout des vues du paysage. Un premier agencement de formes parallèles constitue le grand salon, la zone la plus importante de l'habitation, autour de laquelle s'articule le reste des espaces. La chambre principale est orientée vers l'ouest, alors que les autres sont orientées à l'opposé. La composition formelle des deux volumes est subitement rompue par l'avancée rocheuse de la montagne et le changement systématique du format des fenêtres. Le grand salon apparaît donc placé devant un store de type victorien sous forme de terrasse couverte et sert d'espace transitoire entre l'intérieur de la maison et l'extérieur champêtre. En contraste, le patio revêt une échelle plus petite, enfermant et masquant la vue du lac jusqu'à l'entrée dans la maison.

Auf diesem felsigen Gelände am Ufer des Vermillion Sees steht ein Haus, bei dessen Planung der Ausblick auf die Umgebung wichtigstes Element war. Das große Wohnzimmer wird von zwei parallelen Baukörpern flankiert. Es ist der wichtigste Raum des Hauses, von dem die restlichen Räume ausgehen. Das Hauptschlafzimmer liegt Richtung Westen, die übrigen Zimmer in die entgegengesetzte Richtung. Die Strenge der beiden Gebäudeteile wird durch einen Felsen unterbrochen, und auch die systematische Veränderung der Fenster lockert auf. Vor dem großen Wohnzimmerfenster wurde ein Fensterladen im viktorianischen Stil angebracht, der auf eine bedeckte Terrasse zeigt, die als Verbindung zwischen dem Inneren des Hauses und der rauen Umgebung dient. Der Hof ist klein und geschlossen, und man hat von ihm aus keinen Blick auf den See.

The geography and nature of the site, a rocky area on the shores of a lake, evoke the landscape of the owners' native Sweden.

Les données géographiques et la situation de la parcelle, dans une zone rocheuse face au lac, évoquent le paysage suédois dont les propriétaires sont originaires.

Beschaffenheit und Lage des Grundstücks in einer felsigen Seenlandschaft erinnern an Schweden, die einstige Heimat der Besitzer.

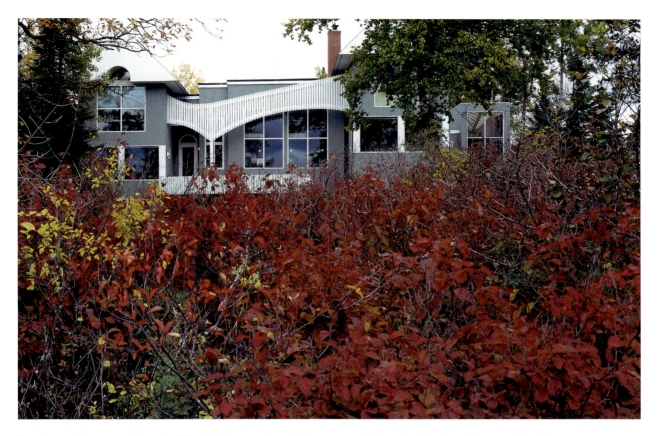

Despite regulations specifying a traditional design, modern details are present throughout the house in compositional language.

Malgré les composantes de type traditionnel imposées au projet, la composition du langage architectural est constamment teintée de modernisme.

Obwohl bei der Planung zahlreiche traditionelle Gesichtspunkte berücksichtigt wurden, sind in die Gestaltung stets moderne Elemente aufgenommen worden.

The white of the walls and ceilings is diluted by the light-colored wood of the floor, banisters and the indoor pergola suspended above the salon.

Le blanc des murs et des plafonds se fond avec les détails du bois clair du sol, les balustrades et la galerie intérieure suspendue au-dessus du salon.

Das Weiß der Wände und Decken wird durch Elemente aus hellem Holz im Boden, an den Geländern und an der inneren Pergola, die über dem Wohnzimmer hängt, abgeschwächt.

House and Art Gallery

**Kennedy & Violich
Architecture**
Massachusetts, USA

This project, by architects Kennedy and Violich, entailed the integration of an art gallery into a pre-existing home. The hybrid program of this intervention included a ballroom, an office to be equipped with the latest in telecommunications technology, an indoor pool, a contemporary art gallery, two outdoor courtyards and a sculpture garden. The building also had to hold this unusual program in one continuous space that would grant it enough wall space to hang the owner's vast art collection, which includes large-format works by such artists as Warhol, Oldenburg and Christo, as well as small paintings and engravings. To keep direct solar radiation from damaging the art, a skylight was designed that would reflect daylight and redirect it towards the gallery area. At night, this light source comes across as a void refracting the light from the fixtures on the ceiling to create a peaceful and uniformly-lit setting.

Ce projet réalisé par les architectes Kennedy et Violich consiste à intégrer une galerie d'art dans une habitation préexistante. Ce programme hybride comprend également une salle de danse, un bureau équipé de systèmes de télécommunication de pointe, une piscine intérieure, une galerie d'art moderne et contemporain, deux cours extérieures et un jardin de sculptures. Ce programme de construction inhabituel devait être réalisé dans un espace unique, fluide et doté d'une grande surface murale pour accrocher l'importante collection d'œuvres d'art du propriétaire : des travaux de grande dimension de Warhol, Oldenburg et Christo, ainsi que des petites peintures et gravures. Une lucarne a été conçue pour renvoyer la lumière vers la zone d'exposition, afin d'éviter l'action néfaste des rayons de soleil sur les peintures. De nuit, ce puits de lumière agit comme un vide qui réfléchit la lumière des plafonniers créant une ambiance sereine et homogène.

In diesem Bauprojekt der Architekten Kennedy und Violich sollte eine Kunstgalerie in eine bereits existierende Wohnung integriert werden. Teil der mehrschichtigen Planung waren ein Tanzsaal, ein Büro mit modernster Telekommunikationsausstattung, ein Swimmingpool im Inneren, eine Galerie für moderne und zeitgenössische Kunst, zwei Höfe und ein Skulpturengarten. Diese ungewöhnlichen Räume sollten in einem einzigen, durchgehenden Raum mit genügend Wandfläche angelegt werden, um die umfassende Kunstsammlung des Besitzers auszustellen, die neben großformatigen Werken von Warhol, Oldenburg und Christo auch kleine Gemälde und Stiche umfasst. Damit das Sonnenlicht die Gemälde nicht beschädigt, wurde ein Oberlicht geschaffen, das das Licht reflektiert und in den Ausstellungsbereich leitet. Nachts wirkt diese Lichtquelle wie ein Leerraum, der das Licht der Deckenlampen bricht und eine strenge und einheitliche Atmosphäre schafft.

The pool starts in the center of the gallery and extends to the edges of the house to end in a cantilever over the sculpture garden.

La piscine part du centre de la galerie et se prolonge aux confins de la construction pour se terminer en encorbellement au-dessus du jardin de sculptures.

Der Swimmingpool entspringt im Zentrum der Galerie und reicht bis zum Ende des Gebäudes, wo er auf einem Vorsprung über dem Skulpturengarten endet.

› Ground floor   Rez-de-chausée   Erdgeschoss

› First floor   Premier étage   Erstes Obergeschoss

The pool is framed by a system of metal beams painted black that connect it to the gymnasium.
La piscine est entourée d'un système de menuiseries métalliques peintes en noir qui établissent le lien entre cette zone et le gymnase.
Der Swimmingpool wird von einem System aus schwarzen Metallrahmen umgeben, das ihn mit dem Fitnessraum verbindet.

Turba House

Studio di Architettura
Mancuso & Turba Associati
Novara, Italy

The aim of this project was to restore and join two existing structures without altering their traditional forms. Rather than modify the height or the distribution of spaces, the architects' criteria stemmed from traditional rural architecture. Thus, a double-height façade was built in front of the main building with openings cut into it to echo the openings of the original house. The space created between the old and new façades gave rise to a porch that acts as an entrance hall on the ground floor. The sequential layout of the bedrooms is adapted to the elongated distribution of the structure. The stairs that lead to the master bedroom, located on the first floor, designate the boundary between the day and night areas, which are also distinguished by the materials used in their finishing. Natural stone was used for the floor of the living-room, while parquet was used in the bedrooms.

Ce projet a pour objectif de restaurer et réunir deux structures déjà existantes sans en altérer la typologie. Au lieu de modifier la hauteur ou la distribution des espaces, les architectes ont choisi une solution privilégiant les critères de la tradition architecturale rurale, pour aboutir à la construction d'une façade sur deux hauteurs devant l'édifice principal, dotée des mêmes ouvertures que l'originale. L'espace instauré entre l'ancienne et la nouvelle façade crée un atrium qui sert de vestibule d'accès au rez-de-chaussée. La disposition en enfilade des chambres résulte de la distribution en longueur de la structure. L'escalier qui dessert la chambre principale, située au premier étage, définit la séparation entre les zones de jour et de nuit, également différenciées par les matériaux employés. Le sol du salon est en pierre naturelle alors que les chambres sont revêtues de parquet.

Bei diesem Umbau sollten zwei bestehende Bauten miteinander verbunden werden, ohne dass dabei ihr Charakter verloren geht. Statt die Höhe oder die Verteilung der Räume zu ändern, haben die Architekten die Kriterien der traditionellen, ländlichen Architektur angewendet. So wurde eine Fassade doppelter Höhe vor dem Hauptgebäude errichtet, in der die gleichen Fenster wie am Originalgebäude geöffnet wurden. In dem Raum zwischen der alten und der neuen Fassade befindet sich eine Veranda, die gleichzeitig Eingangshalle zum Erdgeschoss ist. Aufgrund der länglichen Struktur der Gebäude sind die Zimmer hintereinander angeordnet. Die Treppe, die zum Hauptschlafzimmer im ersten Stock führt, dient als Unterteilung der Bereiche für Tag und Nacht, die auch durch die Materialien voneinander unterschieden werden. Die Fußböden im Wohnbereich sind mit Naturstein belegt, in den Schlafzimmern liegt Parkett.

The porch, supported by slender columns, leads to the inside of the house; depending on the time of day, it is a perfect spot to take shelter from the sun.

L'atrium, aux sveltes colonnes de soutien, mène à l'intérieur de l'habitation : à certaines heures du jour, c'est un espace idéal pour s'abriter du soleil.

Die Veranda wird von schlanken Säulen gehalten und führt zum Inneren des Wohnhauses. Hier kann man zu bestimmten Tageszeiten den kühlen Schatten genießen.

The wooden beams are a recurring element throughout most of the house, running along the length of the ceiling, they represent an attempt to keep in touch with tradition.

Les poutres de bois, s'étirant le long du toit, sont l'élément commun à l'ensemble de l'habitation et la façon de faire revivre le passé traditionnel, idée de base du projet.

Ein sich in weiten Teilen des Hauses wiederholendes Element sind die Holzbalken an der Decke. Sie erinnern an die Vergangenheit des Gebäudes.

The sitting-room and dining-room share a single space, while the kitchen is situated opposite.
Le salon et la salle à manger partagent le même espace tandis que la cuisine est située de l'autre côté.
Das Wohn- und das Esszimmer befinden sich im gleichen Raum, während die Küche genau auf der anderen Seite liegt.

The bedrooms are all floored with parquet, which blends perfectly with the rustic style of the house.
Le parquet, le seul revêtement utilisé dans les pièces à vivre, se marie parfaitement au style rustique de l'ensemble.
In den Schlafräumen wurde Parkett als Bodenbelag benutzt. Es passt perfekt zum rustikalen Stil des Hauses.

The furniture has the additional function of lending a visual order to these spaces.

Les meubles ont une double fonction, car ils contribuent aussi à l'organisation visuelle de l'espace.

Die Möbel erfüllen eine doppelte Funktion, da sie Räume visuell ordnen.

Spring Prairie Residence

Garofalo Architects
Wisconsin, USA

In this project, an old farmhouse was converted into a new residence by increasing its floor area through the addition of irregularly-shaped modules. The new house encompasses a number of bedrooms, bathrooms, a solarium, a dining-room, shed, a small loft to enjoy the stunning views and a stable. The team of architects wanted the house, as a whole, to resemble an outcrop of rocks. For this reason, each part of the house is designed in such a way as to direct the flow of movement and to echo the landscape. Garofalo Architects, the designers of this house, use highly specialized technology in the design of their projects; this allows them to achieve highly unusual shapes in the houses they build. The 'nerves' of the roof are made of three-ply plywood, and before being set into place they were waterproofed with a plastic coating; inside, some of these beams are partially exposed, and between them the ceiling was finished in polished plaster.

Une ancienne construction abritant autrefois une grange a été réhabilitée en habitation dont la superficie a été élargie par des modules de formes irrégulières. La maison dispose de plusieurs chambres à coucher, de salles de bains, d'un solarium, d'une salle à manger, d'un auvent, d'une petite tour pour admirer les belles vues et d'une étable. L'équipe d'architectes voulait que la maison, dans son ensemble, ressemble à un petit groupe de rochers. C'est pourquoi, chaque pièce est conçue pour gérer le mouvement et le paysage. Le bureau d'architecture, Garofalo Architects, utilise la technologie de pointe pour concevoir ses projets, parvenant ainsi à construire des habitations dotées de formes inhabituelles. Les nervures formées par le toit sont en bois contreplaqué, de trois couches, imperméabilisé par une membrane de plastique avant d'être posé à l'extérieur. À l'intérieur, certaines nervures sont partiellement apparentes, séparées par du plâtre poli entre chacune d'elles.

Ein ehemaliger Bauernhof wurde in ein Wohnhaus umgebaut, indem die Nutzfläche durch Module mit unregelmäßigen Formen vergrößert wurde. Das Haus besitzt mehrere Schlafzimmer, Bäder, ein Solarium, ein Esszimmer, einen Schuppen, einen kleinen Turm, von dem aus man den Ausblick genießen kann, und einen Stall. Das Architektenteam wollte ein Haus schaffen, das einer Felsengruppe gleicht. Aus diesem Grund wurde jedes Teil so entworfen, dass es die Bewegung der Landschaft immitiert. Die Architekten arbeiteten mit hochspezialisierter Designtechnologie, mit deren Hilfe ungewöhnliche Formen bei der Konstruktion von Häusern geschaffen werden: Die „Rippen", die das Dach bilden, sind aus dreilagigem Sperrholz, das mit einer Plastikhaut wasserdicht überzogen wurde. Einige sind sichtbar belassen. Zwischen ihnen wurde polierter Gips angebracht.

As the house was built by adding on small spaces, the aim was to achieve the effect of a small village in the middle of the prairie.
Cette habitation a été construite en lui ajoutant des petits espaces afin qu'elle ressemble à un petit village au cœur de la prairie.
Indem man dem Haus mehrere kleine Räume anfügte, sollte die Wirkung eines Dorfes mitten auf einer Wiese entstehen.

The 'nerves' that make up the structure of the roof were manufactured based on a computerized model.
Les nervures formant la structure de la toiture ont été conçues par ordinateur.
Die „Rippen", die die Dachstruktur bilden, wurden auf der Grundlage eines Computerentwurfes angefertigt.

› **Elevations** Élévations Aufrisse

The simp e mimicry of existing prototypes was discarded in favor of groundbreaking proposals, such as the bunk in this bedroom.

La structure existante n'a pas été imitée, I ce qui laissait place à des idées audacieuses, tel le lit superposé de cette chambre à coucher.

Um die bereits existierenden Elemente nicht einfach nur nachzuahmen, wurden sehr auffällige Lösungen wie die Schlafkojen in diesem Schlafzin mer geschaffen.

Coppola Residence

Carlo Donati
Pavia, Italy

This house rises above an irregular terrain, surrounded by a sea of vineyards. Its structure, which was entirely prefabricated, is supported by a cement foundation that plunges 50 ft. into the ground. Structurally, it comprises two forms under a single roof. One is a single-story, double-height space that houses the living room, dining room and kitchen, while the other has two levels, which are divided into bedrooms, bathrooms, service areas and an attic. The considerable length of the façade and the openings cut into it are designed to take maximum advantage of the spectacular views that surround the house. The interior is a mixture of traditional materials with other, more contemporary ones, and the décor features pieces the owner brought back from visits to Indonesia, Nepal and Thailand.

Cette maison s'élève sur une enclave au relief accidenté, entourée d'immenses vignobles. Sa structure, entièrement préfabriquée, est soutenue par des fondations fixées à 15 m de profondeur. Elle est constituée de deux volumes partageant le même toit : un rez-de-chaussée avec entresol qui abrite le salon, la salle à manger et la cuisine ; l'autre espace à deux étages accueillant les chambres, les salles de bains, les pièces de service et des combles dans la partie la plus haute. La façade tout en longueur et ses ouvertures sont dessinées pour permettre de profiter au maximum des vues spectaculaires qui entourent l'habitation. L'intérieur décline un mélange de matériaux traditionnels et contemporains, agrémenté d'objets décoratifs collectionnés au fil des voyages du propriétaire en Indonésie, au Népal et en Thaïlande.

Dieses Haus erhebt sich auf einem hügeligen, von großen Weinbergen umgebenen Grundstück. Die gesamte Fertighausstruktur steht auf einem Fundament, das 15 m unter der Erde befestigt ist. Das Haus wird von zwei Körpern gebildet, die sich ein Dach teilen. Der eine hat ein einziges Stockwerk doppelter Höhe, in dem sich das Wohnzimmer, das Esszimmer und die Küche befinden, und der andere unterteilt sich in zwei Ebenen, auf denen die Schlafzimmer, die Badezimmer, die funktionellen Räume und im obersten Bereich eine Mansarde liegen. Die Fassade ist lang gestreckt und die Fenster sind so gestaltet, dass man den wundervollen Blick auf die Umgebung genießen kann. Im Inneren werden traditionelle Materialien mit zeitgenössischeren gemischt. Der Eigentümer hat sein Haus mit Gegenständen geschmückt, die er von seinen Reisen durch Indonesien, Nepal und Thailand mitbrachte.

The outside hearkens back to the traditional American house. Inside, the sliding doors both illuminate the house and conversely open it up to the garden.

L'extérieur rappelle les maisons traditionnelles américaines. A l'intérieur, les portes coulissantes contribuent à favoriser la luminosité et à tourner l'espace vers le jardin.

Das Haus erinnert von außen an traditionelle amerikanische Häuser. Schiebetüren lassen viel Licht nach innen fallen und beziehen den Garten mit in das Innere ein.

› Ground floor Rez-de-chaussée Erdgeschoss

› First floor Premier étage Erstes Obergeschoss

Sutterlüty House

Dietrich & Untertrifaller
Architekten
Vorarlberg, Austria

Nestled amidst the high mountains of the Alps, this light structure houses a single-family home. To the southeast, the site slopes down along an idyllic meadow. The volume of the house, a three-story rectangle crowned with a sloping pitched roof, is aligned in parallel to the slope of the terrain and the access road. Likewise, this east-west orientation allows the house to make the most of the natural light and the vistas all around it. The entrance and the storage area are located on the northeast side and act as an insulating buffer for the rest of the house. The house opens its embrace to the southeast through a series of large windows, while the rest of the building is covered in delicate wooden shingles. The kitchen and dining-room are located on the middle floor, and the upper floor is given over to bedrooms.

Située dans les hautes montagnes de la chaîne des Alpes, cette construction légère abrite une habitation unifamiliale. Vers le sud-est, le terrain présente une pente qui se transforme en prairie idyllique. Le volume, une pièce rectangulaire de trois étages couronnée par une toiture inclinée à deux pans, est parallèle à l'inclinaison de la pente et à la voie d'accès. À son tour, cette position sur l'axe est-ouest permet de profiter au maximum des vues et de la lumière solaire. L'accès et la zone d'entrepôt se trouvent sur la face nord-est et jouent le rôle de coussin thermique pour le reste de la maison. Vers le sud-est, la maison s'ouvre complètement grâce à de grandes baies vitrées, alors que le reste de l'édifice est couvert d'un fin lambris de bois. La cuisine et la salle à manger sont situées à l'étage intermédiaire, et les chambres à coucher sont installées à l'étage supérieur.

Zwischen den hohen Bergen der Alpen erhebt sich dieses leicht gebaute Einfamilienhaus. Im Südosten des Hauses liegt ein Hang mit einer idyllischen Wiese. Das dreistöckige Haus hat einen rechteckigen Grundriss und wird von einem Satteldach gekrönt, das parallel zur Neigung des Hangs und zum Zugangsweg verläuft. Durch die Ausrichtung von Ost nach West wird das Sonnenlicht maximal ausgenutzt, und man hat einen wundervollen Ausblick. Zugang und Lagerräume befinden sich auf der nordöstlichen Seite und tragen so zur Isolierung der anderen Räume bei. Im Südosten befinden sich große Fenster, während der Rest des Hauses mit feinen Holzlatten verkleidet ist. Im mittleren Geschoss liegen Küche und Esszimmer, im oberen die Schlafzimmer.

The ample, elongated terraces, which face southeast, are repeated on all the floors to create a continuous gallery.
Les vastes terrasses allongées, tournées vers le sud-est, se répètent à chaque étage créant ainsi une galerie continue.
Die weiten, langen Terrassen in Richtung Südosten sind in jedem Stockwerk zu finden. So entstand eine durchgehende Galerie.

› Site plan Plan de situation Umgebungsplan

› Ground floor   Rez-de-chaussée   Erdgeschoss

› First floor   Premier étage   Erstes Obergeschoss

› Second floor   Deuxième étage   Zweites Obergeschoss

Adda Valley Residence

Gino Guarnier
Bergamo, Italy

This house, that faces the Alps, was designed by architect Gino Guarnier and reflects the concept of the landscape as purified expression of nature. The house thus serves as an observatory to draw the landscape inside and transform it into a decorative object for its owners to contemplate. Two levels divided into five functional areas organize the habitable space. The studio and dining room are located on the ground floor; while the upper level contains the lounge, kitchen, bedrooms and a self-contained guest room. The materials and finishes were chosen in an attempt to create a cozy atmosphere: the floors are clad with resin, the walls are painted white and the stairway is made of iroko wood. To round out this climate of well-being, a natural-stone hearth was built for the owners to enjoy on the coldest days of the year.

Cette habitation, située face aux Alpes, est l'œuvre de l'architecte Gino Guarnier : conçue à partir du paysage, elle est l'expression épurée des alentours. Cette maison, à l'instar d'un observatoire, accueille pour ainsi dire le paysage à l'intérieur et le transforme en élément de décor pour que ses habitants puissent le contempler. La surface habitable s'articule autour de deux niveaux subdivisés en cinq zones fonctionnelles. Le rez-de-chaussée comprend le studio et la salle à manger, le niveau supérieur, le salon, la cuisine, les chambres à coucher et une chambre d'amis indépendante. Les matériaux et finitions ont été choisis pour créer une ambiance chaleureuse : revêtement en résine pour le sol, murs blancs et bois d'iroko pour l'escalier. L'installation d'une cheminée en pierre naturelle, diffusant une douce et agréable sensation de chaleur les jours de grand froid, parachève cette atmosphère de bien-être.

Dieses Haus, entworfen vom Architekten Gino Guarnier, spiegelt das Konzept von der Landschaft als bereinigter Ausdruck der Natur wider. Es wurde als eine Art Observatorium angelegt, das die Landschaft nach innen trägt und in ein dekoratives Objekt verwandelt, das von den Bewohnern betrachtet werden kann. Zwei Ebenen sind in fünf funktionelle Bereiche unterteilt, die die bewohnbare Fläche ausmachen. Im Erdgeschoss befinden sich ein Atelier und ein Esszimmer, im Obergeschoss das Wohnzimmer, die Küche, die Schlafzimmer und ein unabhängiges Gästezimmer. Die Materialien und Oberflächen schaffen eine einladende Atmosphäre: Der Fußbodenbelag ist aus Kunstharz, die Wände sind weiß, und die Treppe ist aus Iroko. Ebenso trägt ein Kamin aus Naturstein an den kälteren Tagen im Jahr zur Gemütlichkeit bei.

The dining-room is in a privileged location in the house, as it takes advantage of the natural light that filters in through the large windows.
La salle à manger occupe la place d'honneur dans cette maison, profitant de la lumière naturelle diffusée par les grandes baies vitrées.
Das Esszimmer befindet sich in einem besonders schönen Bereich des Hauses. Hier fällt das Tageslicht durch große Fenster ein.

› Ground floor   Rez-de-chaussée   Erdgeschoss

› First floor   Premier étage   Erstes Obergeschoss

The master bedroom, which opens onto a small terrace, has an adjacent bathroom with an almost invisible shower protected by a glass screen.

La pièce principale, ouverte sur une petite terrasse, dispose d'une salle de bains annexe avec une douche à peine visible, masquée par un paravent de verre.

Das Hauptschlafzimmer hat eine kleine Terrasse und ein anliegendes Bad mit Dusche, die durch eine kaum sichtbare Glaswand abgeschirmt wird.

Buratti Battiston Associati
Milan, Italy

Villa Novellino

The design of this home aimed to find a structure capable of both keeping out noise and blending into the surroundings. To achieve the first objective, the architect opted to employ a specific palette of materials in combination with a strategic layout. Thus, solid bearing elements and compact walls with carefully calculated openings were chosen for the main façade. To meet the second goal, the space that remained between the house and the street was turned into a garden and fitted with a pool. Inside, the ground floor is characterized by an approximately 3-ft. drop that delineates the distribution of activities: the dining-room and the kitchen are located below, while the living-room and master bedroom are on the higher level. The house has an additional two bedrooms on the second floor, each of which has its own terrace.

La conception de cette habitation vise à créer une structure permettant de s'isoler du bruit tout en se fondant à l'environnement. Le premier objectif a été atteint grâce à l'idée de conjuguer une gamme de matériaux spécifiques à une stratégie de distribution de l'espace. À cela s'ajoute le choix d'éléments porteurs résistants et de murs compacts dotés d'ouvertures soigneusement étudiées sur la façade principale. Le second objectif consistait à aménager un espace vert dans la partie restante entre l'habitation et la rue, et à construire une piscine. A l'intérieur, le rez-de-chaussée présente une dénivellation d'environ 1 m qui définit la distribution des activités : la salle à manger et la cuisine se trouvent dans la partie basse, alors que la zone du salon et la chambre principale sont installées au niveau supérieur. L'habitation comprend encore deux chambres situées au deuxième étage, chacune d'elles disposant de sa terrasse privée.

Ziel bei der Planung dieses Hauses war es, eine Struktur zu schaffen, die Lärm abschirmt und sich gleichzeitig in die Umgebung einfügt. Um den Lärm zu mindern, wurde eine Reihe von geeigneten Materialien strategisch verteilt eingesetzt. So wählte man solide, tragende Elemente und kompakte Mauern, und die Verteilung der Fenster in der Hauptfassade ist gut durchdacht. Um das Haus in die Umgebung einzufügen, wurde ein Garten mit einem Swimmingpool zwischen dem Haus und der Straße angelegt. Im Untergeschoss gibt es einen Höhenunterschied von ungefähr 1 m, der die Aufteilung der Aktivitäten markiert. Das Esszimmer und die Küche befinden sich im niedrigeren Teil, während das Wohnzimmer und das Hauptschlafzimmer im oberen Teil liegen. Es gibt noch zwei weitere Zimmer im zweiten Stock, jedes davon hat eine eigene Terrasse.

Most of the windows face the interior courtyard to minimize noise from the street.
La majorité des fenêtres est orientée vers le patio pour atténuer le bruit provenant de la rue.
Die meisten der Fenster liegen zum Innenhof, um den Lärm von der Straße zu verringern.

The brick walls insulate the house from noise and protect its owners' privacy.
Les murs de brique insonorisent l'intérieur et protègent l'espace privé des regards indiscrets.
Die Wände aus Ziegelstein dämpfen den Lärm und schützen vor indiskreten Blicken.

› Ground floor Rez-de-chaussée Erdgeschoss

› Section Section Schnitt

› Longitudinal section   Section longitudinale   Längsschnitt

House in Concepcion

Susana Herrera
Concepcion, Chile

This project arose out of a close collaboration with the client, an engineer who wished to live in a residential area far from the city. The site is situated near a beach, amidst a strange forest of pines, whose slender trunks branch out into a thick canopy some 13 ft. from the ground. As both the architects and the client were enthusiastic about the visual poetry of this landscape, they worked together to preserve its essence. They opted to build three units of different dimensions that would combine to create a compact ensemble. Two of these structures, one made of wood and the other of concrete, are located at ground level, while the third, composed of metal and glass, is held up by metal supports and reaches up to the canopy of trees. Despite the variety of materials used in their construction, the three units blend in perfectly with the surrounding area.

Ce projet est né d'une étroite collaboration avec le client, un ingénieur dont l'intention était de vivre dans une zone résidentielle éloignée de la ville. Le terrain est situé près d'une plage, au cœur d'une dense forêt de pins aux caractéristiques particulières : des troncs fins aux couronnes épaisses qui naissent à 4 m de hauteur. Les architectes et le propriétaire, tombés mutuellement sous le charme de ce paysage poétique, ont travaillé ensemble pour préserver son essence. Ils décidèrent de construire trois unités de dimensions distinctes dont l'union engendre un ensemble compact. Deux de ces structures – l'une en bois et l'autre en béton – sont aménagées au niveau du sol, alors que la troisième, alliant le métal et le verre, s'élève sur des pilotis de métal comme si elle voulait toucher la cime des arbres. Malgré la variété des matériaux utilisés dans la construction, les trois unités se fondent parfaitement avec l'environnement.

Dieses Haus entstand in enger Zusammenarbeit mit dem Kunden, einem Ingenieur, der in einem Wohngebiet weit von der Stadt entfernt zu leben wünschte. Das Grundstück befindet sich in der Nähe des Strandes inmitten eines dichten Waldes voller eigentümlicher Pinien mit feinen Stämmen, gekrönt von dichten Wipfeln, die ungefähr auf 4 m Höhe beginnen. Die visuelle Poesie dieser Landschaft begeisterte die Architekten und den Eigentümer, sodass sie zusammen daran arbeiteten, deren Essenz zu wahren. Es wurden drei Einheiten mit verschiedenen Abmessungen konstruiert, die so kombiniert sind, dass sie eine kompakte Gruppe schaffen. Zwei dieser Strukturen, eine aus Holz und eine aus Beton, befinden sich auf Bodenhöhe, während die dritte aus Metall und Glas auf Metallstützen steht und sich bis zu den Baumkronen erhebt. Obwohl sehr verschiedene Materialien verwendet wurden, verschmelzen die drei Einheiten perfekt mit ihrer Umgebung.

The simple forms of the house, its compact dimensions and the intelligent use of materials allow the volume to adapt perfectly to the exuberant coppice of pines that surrounds it.

Les formes simples de la maison, ses dimensions compactes et l'emploi judicieux des matériaux permettent au volume de s'adapter à l'exubérance du bois de pins environnant.

Die einfachen Formen des Hauses und der intelligente Einsatz der Materialien machten es möglich, das Gebäude in den üppigen Pinienwald einzufügen.

› Section Section Schnitt

› Elevation Élévation Aufriss

220

The single-height kitchen area contrasts with the double-height ceilings of the living-room, located on the same level.

La zone de la cuisine, d'une seule hauteur, contraste avec la hauteur double du salon, situé sur le même niveau.

Der Küchenbereich einfacher Höhe steht im Gegensatz zu dem Wohnzimmer mit doppelt hohen Decken, das sich auf der gleichen Etage befindet.

Villa 1

Jo Coenen & Co.
Lanaken, Belgium

This house was designed in response to a strict series of requirements set by the clients: the structure was to blend into its surroundings yet clearly indicate the layout of its interior. The fence and exterior walls were designed in line with the pattern set by the neighboring houses; as a result, the house is in perfect harmony with its surroundings. Nevertheless, the beds and plants in the two gardens flanking the house act guarantee its inhabitants' privacy. In the interior, the spaces are distributed sequentially and progressively open to the exterior as an extension of the garden. In keeping with the desire to create an integrated architectural composition, materials were chosen to combine easily with the overall look. Thus, an ochre-colored limestone, wood and grayish zinc were chosen for the roof and the structure, a palette that effortlessly pleases the eye.

La conception de cette habitation répond à des critères stricts fixés par les clients : l'intégration de la structure à l'environnement et une distribution claire et visible des différentes sphères de vie. La clôture et les murs extérieurs ont été conçus sur le modèle des maisons limitrophes, permettant l'intégration harmonieuse de l'ensemble à son environnement. Les parterres et la végétation des deux patios de la maison ont la fonction de protéger l'intimité de ses habitants. À l'intérieur, la distribution joue avec une enfilade d'espaces qui s'ouvrent progressivement vers l'extérieur comme s'ils prolongeaient le jardin. Dans le souci de créer une composition architecturale harmonieuse, les matériaux sélectionnés sont faciles à combiner pour créer une image d'ensemble : le choix d'une pierre calcaire ocre, de bois et de zinc grisâtre pour le toit et la structure, décline une palette de tons qui crée un extérieur très paisible.

Die Kunden hatten für dieses Haus ihre Anforderungen genau definiert. Die Struktur sollte sich in die Umgebung einfügen, die Verteilung der verschiedenen Bereiche sollte klar und eindeutig sein. Umzäunung und Außenmauern wurden ähnlich denen der angrenzenden Häuser gestaltet, um das Haus harmonisch in die Nachbarschaft einzubinden. Die Gartenanlagen und die Vegetation der beiden Höfe an den Seiten des Hauses schützen die Intimsphäre der Bewohner. Im Inneren wird mit einer Abfolge von Räumen gespielt, die sich langsam nach draußen öffnen, eine Art Verlängerung des Gartens. Um eine integrierte architektonische Gestaltung umzusetzen, wurden Materialien ausgewählt, die sich leicht mit dem Aussehen der ganzen Gebäudegruppe kombinieren lassen. Die Struktur und das Dach sind aus ockerfarbenem Kalkstein, Holz und gräulichem Zink. Diese Zusammenstellung lässt das Haus sehr einheitlich wirken.

The elevations and sections testify to the complexity of the juxtaposition of the different volumes making up the structure.
Les tracés et les sections mettent en évidence la complexité de la juxtaposition des volumes structuraux.
Aufrisse und Schnitte zeigen, wie komplex die Nebeneinanderstellung der strukturellen Blöcke ist.

› Cross section Section transversale Querschnitt

The two stories of the house are connected by a peculiar stairway: it is a sinuously curving wooden structure that rises to the second level.

Les deux étages de l'habitation sont reliés par un escalier insolite : une structure de bois qui s'élève en torsade jusqu'au palier du second étage.

Die beiden Stockwerke des Hauses werden durch eine eigentümliche Treppe verbunden, eine Holzstruktur, die sich in den zweiten Stock windet.

As one of the premises of the design was to preserve the relationship with the exterior, extensive windows were designed to run the length of the structure.

D'énormes baies vitrées parcourent la structure, en réponse à l'une des idées maîtresses de préserver le lien avec l'extérieur.

Eine der Voraussetzungen bei der Planung war es, den Bezug zur Umgebung aufrecht zu erhalten. Deshalb wurden große Fensterflächen in die Fassaden integriert.

Inside, different materials intermingle in a play of textures and colors that yields a comfortable and balanced interior.
À l'intérieur, les matériaux s'entremêlent dans un jeu de textures et de couleurs pour créer un intérieur confortable et harmonieux.
Im Inneren mischen sich die Materialien in einem Spiel von Texturen und Farben, was die Räume komfortabel und ausgeglichen wirken lässt.

Spine Residence

Nicholas Grimshaw & Partners
Cologne, Germany

This house is divided into two independent wings by an ellipsoid volume on top of a series of tall, slender columns; this volume serves as the spine of the house and runs from north to south. In addition to separating the two wings, this element, the defining feature of the design, extends the house outdoors, beyond the limits of the structure. Likewise, on the inside, it houses an ample, usable space that contains the living-room and a loft. The complex extends out over the street elevation and narrows toward the garden, which means that the south façade offers extensive views from the bedroom on the first floor and the studios on the lower level. The roof is flat and is plated in zinc. As the house was designed to be a refuge from its owners' exhausting workdays, it includes such leisure spaces as a squash court, a pool and an art gallery.

Cette maison est partagée en deux ailes indépendantes par un volume ellipsoïdal formant une arête, orientée nord-sud, qui repose sur des piliers fins et élancés. Cet élément, caractéristique principale du projet, n'a pas uniquement une fonction de séparation, mais également d'extension de la maison vers l'extérieur : en dépassant les limites structurelles de la maison, il en accroît la superficie habitable, hébergeant à l'intérieur un salon et un mirador. Le complexe s'étend au-dessus de la rue et s'étire jusque vers le jardin, permettant aux chambres à coucher du rez-de-chaussée ou au studio de l'étage inférieur de se lover derrière les vues de la façade sud. La couverture plane est revêtue de zinc. Le projet a été conçu comme un refuge où les propriétaires pourraient s'isoler après leurs journées de travail épuisantes. Ces derniers ont donc tenu à l'installation d'espaces ludiques, tels qu'une piste de squash, une piscine et une zone réservée à une galerie d'art.

Das Haus wird von einem Ellipsoid in zwei unabhängige Flügel unterteilt. Dieses Ellipsoid verläuft von Norden nach Süden und stützt sich auf feine Säulen. Es ist der auffallendste Teil der Konstruktion und dient nicht nur der Trennung; es verlängert das Haus auch nach außen, da es die strukturellen Begrenzungen überwindet. Es vergrößert die Wohnfläche, da sich in seinem Inneren ein Wohnzimmer und eine Aussichtsterrasse befinden. Der zur Straße hin breite Komplex verjüngt sich zum Garten hin, sodass man von der Südfassade aus die Schlafzimmer im ersten Stock oder die Ateliers im darunter gelegenen Stockwerk sehen kann. Das flache Dach ist mit Zink verkleidet. Das Haus sollte für die Besitzer ein Zufluchtsort nach anstrengenden Arbeitstagen sein. Deshalb ließen sie sich außerdem einen Squashplatz, einen Swimmingpool und eine Kunstgalerie anlegen.

The stairway that connects the lower level with the loft aligns with the double doors that open to the garden.

L'escalier connectant le rez-de-chaussée au mirador est en alignement avec les portes doubles d'accès au jardin.

Die Treppe verbindet das Erdgeschoss mit der Aussichtsterrasse. Ihr Verlauf orientiert sich an den doppelten Türen, durch die man den Garten betritt.

› Ground floor   Rez-de-chaussée   Erdgeschoss

› First floor   Premier étage   Erstes Obergeschoss

› Cross section   Section transversale   Querschnitt

› **Longitudinal sections** Sections longitudinales Längsschnitte

The spine, handcrafted in wood by local carpenters, is divided into eight sections.
L'arête, construite en bois travaillé artisanalement par les charpentiers de la région, est divisée en huit sections.
Der Holzkörper, der von Hand von den ortsansässigen Schreinern angefertigt wurde, ist in acht Bereiche unterteilt.

Clement Residence

Eric Rosen Architects
California, USA

Bearing in mind the warm climate of California's coast, the architects from the firm commissioned to design this house decided to build a compact volume with a reduced number of small openings, so that the house would have greater thermal inertia. Despite this design, however, the house establishes a close relationship with the exterior. Rather than exhibiting a conventional distribution on separate floors, the house is a succession of different levels that are created by spaces of different heights. The main room centers on a low, multifunctional piece that encompasses a hearth, television, storage area and shelving, which separates the dining-room from the lounge without creating a visual boundary. The materials used are wood and reinforced concrete, and the palette of tones in ochre evokes the arid landscape of the area surrounding the house.

Pour adapter l'habitation à la chaleur de la côte californienne, les architectes de l'entreprise chargés du projet de construction de cette résidence ont décidé d'élever un volume compact doté d'un nombre réduit de petites ouvertures, afin que l'inertie thermique provienne de la structure elle-même. Malgré cette conception, la maison est en étroite relation avec l'extérieur. À l'intérieur, loin de suivre une distribution conventionnelle stratifiée en étages, le projet privilégie une série de niveaux différents créant des espaces de hauteur variable. La zone de vie principale est dominée par un élément polyvalent qui accueille la cheminée, la télévision, l'espace de rangement et quelques étagères. Ce meuble bas sépare la salle à manger du salon sans marquer de délimitation visuelle. Les matériaux employés sont le bois et le béton armé et la palette des tons ocres évoque le paysage aride qui entoure l'habitation.

Um das Haus an das warme Klima der kalifornischen Küste anzupassen, entschieden sich die Architekten für eine kompakte Form mit wenigen, kleinen Öffnungen, sodass die Struktur selbst die thermische Trägheit fördert. Trotz dieses relativ geschlossenen Gestaltungsmerkmals hat das Haus ein enges Verhältnis zur Umgebung. Innen sind die Räume nicht konventionell auf Stockwerke verteilt, sondern viele verschiedene Ebenen folgen aufeinander, sodass Räume verschiedener Höhen entstehen. Das Hauptzimmer wird von einem multifunktionellen Element beherrscht, in dem sich der Kamin, der Fernseher, Lagerraum und ein paar Regale befinden. Es trennt das Esszimmer vom Wohnzimmer, ohne eine visuelle Barriere darzustellen. Die verwendeten Materialien sind Holz und Stahlbeton. Die verschiedenen Ockertöne empfinden die karge Landschaft der Region nach, die die Wohnung umgibt.

› Ground floor   Rez-de-chaussée   Erdgeschoss

› First floor   Premier étage   Erstes Obergeschoss

› Roof plan Plan du toit Dachgeschoss

C House

Toshimitsu Kuno, Nobuki Nomura/Tele-design
Tokyo, Japan

The C house is a small yet complex building, which fulfills two different urban programs: a studio and a public café, both owned by the same person. This combination of two programs, which is more than a simple juxtaposition of functions, is a reflection of contemporary urban life, where the limits between the private and public spheres are blurred. The C house is an architectural manifestation of this reality, and can be understood as a prototype of a city in a single building. The transparent spaces of the café, located on the ground floor and the rooftop terrace, literally envelop the opaque volume that contains the private area of the house. The two parts of the program have independent exits on to the street, yet they are internally connected, accentuating the fluidity between the two.

La maison C est un édifice, petit et complexe à la fois, abritant deux programmes urbains distincts : un studio et un café commerce, appartenant tous deux à la même personne. L'association des deux programmes, plus qu'une juxtaposition de fonctions, est le reflet de la vie urbaine contemporaine où se profilent les limites entre la sphère privée et publique. La maison C reflète la matérialisation architecturale de cette réalité et représente en quelque sorte un prototype urbain en un seul édifice. Les salles transparentes du café, installées au rez-de-chaussée, et la terrasse entourent littéralement le volume opaque qui abrite les fonctions de la partie privée. Les deux parties du programme architectural disposent d'accès indépendants depuis la rue, mais communiquent aussi entre elles par l'intérieur, sublimant la fluidité spatiale des deux zones.

Das Haus C ist ein kleines, aber gleichzeitig komplexes Gebäude, das zwei verschiedene urbane Funktionen vereint: Ein Atelier und ein Café, die beide der gleichen Person gehören. Die beiden Programme wurden so verbunden, dass nicht einfach nur die Funktionen nebeneinander gestellt wurden, sondern das zeitgenössische Stadtleben widergespiegelt wird, wo die Grenzen zwischen Privatsphäre und Öffentlichkeit allmählich verwischen. Das Haus C wird zu einer Art Prototyp einer Stadt in einem einzigen Gebäude. Die transparenten Räume des Cafés im Erdgeschoss und das Flachdach umgeben die kompakten Gebäudeteile, in denen die Privaträume des Hauses liegen. Für beide Bereiche gibt es unabhängige Zugänge von der Straße aus, aber gleichzeitig sind sie miteinander verbunden, was den fließenden Übergang zwischen beiden Zonen noch unterstreicht.

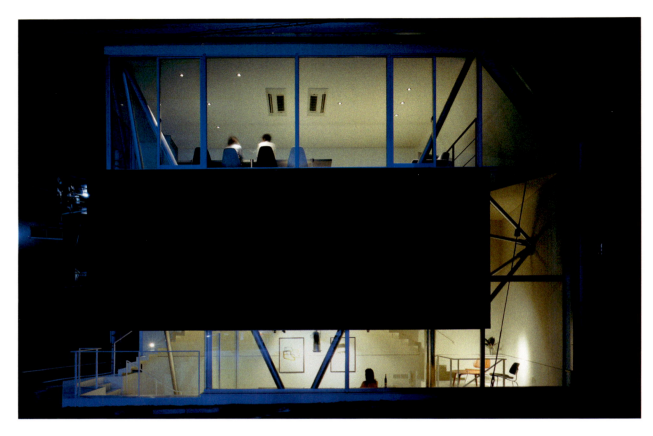

The transparent structures, situated on the ground floor and the terrace, delimit the café area and envelop the opaque central structure, which is the café owner's home.

Les structures transparentes, situées au rez-de-chaussée et la terrasse, délimitent la zone du café et enveloppent la structure centrale opaque, résidence du propriétaire.

Die transparenten Strukturen des Erdgeschosses und der Terrasse grenzen das Café ab und umgeben die zentrale, undurchsichtige Struktur, die Wohnung des Eigentümers.

› Ground floor Rez-de-chaussée Erdgeschoss

› First floor Premier étage Erstes Obergeschoss

› Longitudinal section Section longitudinale Längsschnitt

› Cross section Section transversale Querschnitt

As though it were it a lookout tower, the transparent, windowed structure of the café allows customers to capture the essence of the surroundings.

Tel un mirador, la structure transparente et vitrée de la cafétéria permet de capter l'essence de l'environnement.

Wie auf einem Aussichtspunkt erfasst die transparente, verglaste Struktur des Cafés die Umgebung.

To achieve a greater degree of connectivity between the café and the residential area, a stairway was designed to connect the two.

Un escalier a été conçu pour mieux relier la cafétéria à la zone de résidence, unissant ainsi les deux univers.

Um eine stärkere Verbindung zwischen Café und Privatwohnung zu erreichen, wurde eine Treppe entworfen, die beide Bereiche verbindet.

Smarthouse

Robert Winkel Architecten
Rotterdam, The Netherlands

This house forms part of a series of prototypes, dubbed "smarthouses", that offer many advantages over traditional houses. Although they can vary in length, they are all built around steel-beam skeletons. The vertical and horizontal enclosures are fixed to the metal skeleton and the interior is divided by means of mobile partitions to create versatile and functional spaces. It is also possible to modify the various parts of the house and reorganize its levels. Likewise, two units can be joined to form one single apartment, which achieves double-height spaces and a greater openness; this is the case of the Smarthouse show-flat. Furthermore, the design permits the placement of windows anywhere on the façade to take maximum advantage of the available natural light. All these parameters can be decided during the design phase, and they do not affect the budget or the construction time, which usually amounts to three months.

Cette habitation fait partie d'un ensemble de prototypes surnommés « smarthouses » qui offrent de multiples avantages. Ce sont des habitations construites à partir d'un squelette constitué de poutres d'acier de longueur variable. Les parements verticaux et horizontaux sont fixés au squelette métallique et les divisions intérieures sont des cloisons amovibles générant des espaces modulables et fonctionnels. Il est parfaitement possible de modifier les sphères de vie de l'habitation et d'en réorganiser les niveaux. Pour cela, deux appartements peuvent être réunis en un seul pour obtenir des espaces sur deux hauteurs, plus ouverts : c'est le cas du Modelwoning. En outre, la conception permet de disposer les fenêtres à n'importe quel endroit de la façade pour tirer parti au maximum de la quantité de lumière naturelle. Tous ces paramètres peuvent être prévus dans la phase de conception et n'affectent en rien ni le devis ni le temps de réalisation de l'œuvre, fixé à environ trois mois.

Dieses Haus gehört zu einer Reihe von Prototypen, die „Smarthouses" genannt werden und viele Vorteile bieten. Die Häuser sind über ein Skelett aus Stahlträgern konstruiert, deren Länge variieren kann. Die vertikalen und horizontalen Wände und Decken werden an diesem Metallskelett befestigt, und die inneren Raumteiler sind mobil, sodass vielseitige und funktionelle Räume entstehen. Man kann auch die Wohnbereiche und die Ebenen verändern. Dazu können zwei Wohnungen als eine benutzt werden, sodass man einen offeneren Raum doppelter Höhe erhält. Außerdem ist es möglich, die Fenster an jeglichem Punkt der Fassade anzubringen, um so viel Tageslicht wie möglich in die Räume zu lassen. Das kann alles in der Gestaltungsphase entschieden werden, wobei die Kosten und die Bauzeit sich nicht erhöhen. Die normale Bauzeit beträgt ungefähr drei Monate.

The floors of these prototypes seek out the maximum efficiency: they optimize surface area and avoid inactive trajectories or unused corners.

Les plans de ces prototypes visent un maximum d'efficacité : optimiser la surface au sol et éviter les trajectoires inactives ou les recoins inutiles.

Der Grundriss dieser Prototypen ist so effizient wie möglich gestaltet, die Nutzflächen werden optimiert und ungenutzte Wege oder Ecken werden vermieden.

› Plans Plans Grundrisse

The interiors represent a commitment to versatility, as they offer the possibility of generating multifunctional spaces that adapt to personal requirements.

Les intérieurs répondent au pari de la polyvalence en offrant la possibilité de créer des espaces modulables adaptés aux besoins de chaque client.

Es wurde vor allem auf Vielseitigkeit Wert gelegt. Es können multifunktionelle Räume geschaffen werden, die sich an die Anforderungen des jeweiligen Kunden anpassen lassen.

Jordi Garcés
Gerona, Spain

Nuria Amat House

Jordi Garcés designed this breathtaking home for the famous Catalan writer Nuria Amat. The dwelling boasts unparalleled views and uses the lot's natural stone features as an element in the architectural volume. From the outset, the designer's clear objective was to capitalize on the splendid views of the wonderfully situated lot: in the heart of the Costa Brava, just a stone's throw away from the sea. The house overlooks the sea through two large glass walls: one in the living space on the first floor and another in the master bedroom on the level above. The rock in the massif below the volume becomes an integral part of the structure, encroaching onto the terrace, eating into the façade and even enveloping one of the bathroom walls.

L'impressionnant projet conçu par Jordi Garcés pour la résidence de la célèbre écrivaine catalane Nuria Amat met en évidence l'utilisation de la pierre pour la construction architectonique et les vues imprenables. Dès les premières étapes du projet, l'architecte a compris qu'il devait se prévaloir des impressionnantes vues panoramiques du terrain en prenant comme point de départ un emplacement privilégié sur la Costa Brava, à quelques mètres de la mer. La maison se jette donc dans la mer grâce à deux grandes baies vitrées ; l'une située dans le salon du rez-de-chaussée et l'autre dans la chambre à coucher principale du premier étage. La pierre formant le massif sur lequel repose le volume devient, quant à elle, partie intégrante de la construction. Non seulement elle pénètre dans la terrasse, mais elle empiète également sur la façade et va jusqu'à former un des murs de la salle de bains.

Der von Jordi Garcés erstellte Entwurf für das Haus der berühmten katalanischen Schriftstellerin zeichnet sich vor allem durch den Einsatz von Stein als architektonisches Element und durch seine unübertrefflichen Aussichten aus. Aufgrund seiner ausgezeichneten Lage an der Costa Brava, nur wenige Meter vom Meer entfernt, war dem Architekten von vorneherein klar, dass er die beeindruckenden Aussichten dieses Grundstücks nutzen musste. Daher blickt das Haus aus zwei großen Fensterwänden, von denen eine zum Wohnzimmer im Untergeschoss und die andere zum Schlafzimmer im Obergeschoss gehört, auf das Meer hinaus. Der Felsen wiederum, auf dem das Volumen ruht, wird Teil der Konstruktion und ragt in die Terrasse hinein, nimmt der Fassade Platz und bildet sogar eine Wand des Badezimmers.

All the furnishings in the living room are low and minimalist to ensure that the views of the sea are not disturbed, even from the back of the room.

Tous les meubles du salon sont particulièrement bas et peu volumineux afin de pouvoir profiter des vues sur la mer même en étant assis au fond de la pièce.

Alle Möbel im Wohnzimmer sind besonders niedrig und nicht sperrig, damit man auch aus der Tiefe des Raums den Blick auf das Meer genießen kann.

A pallet of grays, blacks and whites have been used in these interior spaces. The blue of the sea is the only touch of vibrant color.

Gris, noir et blanc composent la palette de tons avec laquelle l'architecte s'est amusé à décorer les intérieurs. Le bleu de la mer est la seule note de couleur présente.

Grau-, Schwarz- und Weißtöne vervollständigen die in diesen Innenbereichen eingesetzte Farbpalette. Die farbliche Note bringt das Meeresblau ein.

Las Encinas Residence

Vicens + Ramos
Madrid, Spain

This house is located in a residential neighborhood, on a large site that guarantees the owners' privacy. The house itself was conceived as a geode: a solid, closed shell of granite that would contrast with large glass windows-in reference to the geodes that are commonly found in this rocky area. The house rises two stories above the ground and also has a basement, which contains the garage, a sunken courtyard and a vertical hall that leads to the upper levels. The main entrance, on the ground floor, is located in the courtyard of an outdoor parking area delineated by a recess carved out of the volume, which forms a low porch. The living-room and services are located on the ground floor, which is a spectacular double-height space. The upper level is reserved for bedrooms.

Cette habitation se trouve dans un quartier résidentiel, sur un terrain aux dimensions généreuses assurant l'intimité des propriétaires. Le volume rappelle une géode, un corps de granit, massif et fermé, contrastant avec le verre des grandes baies vitrées, analogue à la substance qui recouvre les grottes rocheuses. L'habitation s'articule autour de deux étages surplombant la pente et un sous-sol, abritant le garage, un patio sous-terrain et le vestibule vertical qui conduit aux étages supérieurs. L'accès principal au rez-de-chaussée est situé dans la cour du stationnement extérieur délimité par un espace en retrait, creusé dans le volume, formant une arcade basse. Le rez-de-chaussée, qui accueille le salon et la zone de services, possède un espace sur deux hauteurs très spectaculaire. L'étage supérieur est réservé aux chambres à coucher.

Dieses Haus liegt in einem Wohnviertel auf einem großen Grundstück, das die Intimsphäre der Bewohner schützt. Das Gebäude ist in Art einer Geode angelegt, der Körper ist aus Granit, massiv und geschlossen, und steht im Gegensatz zu den großen Fenstern. Das Haus hat zwei Stockwerke auf einem Gefälle und ein Kellergeschoss, in dem sich die Garage, ein in den Boden eingelassener Hof und eine vertikale Eingangshalle befinden, die in die oberen Stockwerke führt. Der Haupteingang im Erdgeschoss liegt im Hof des Parkplatzes außen und ist zurückgesetzt, wie eine Ausgrabung an einem Gebäude oder eine niedrige Vorhalle. Im Erdgeschoss liegen das Wohnzimmer und die funktionellen Räume. Außerdem gibt es einen beeindruckenden Raum doppelter Höhe. Im Obergeschoss befinden sich die Schlafzimmer.

The exterior of is a deconstruction of cubes that allows the observer to imagine the layout of the interior.

La structure extérieure s'apparente à des sortes de containers cubiques qui permettent d'imaginer la disposition des pièces à vivre à l'intérieur.

Die äußere Struktur wirkt wie eine Art würfelförmiger Behälter. Man kann sich die Anordnung der Räume im Inneren vorstellen.

› Ground floor   Rez-de-chaussée   Erdgeschoss

› First floor   Premier étage   Erstes Obergeschoss

› Elevation Élévation Aufriss

› Section Section Schnitt

The furniture defines the two areas of the ground floor-salon and dining-room, the latter containing two rectangular dining-tables.

La disposition des meubles définit l'atmosphère des deux pièces du rez-de-chaussée, le salon et la salle à manger, cette dernière disposant de deux tables rectangulaires pour les repas.

Das Erdgeschoss wird durch zwei rechteckige Tische in zwei Bereiche unterteilt – die Eingangshalle und das Esszimmer.

The spaces in this single-family home appear completely integrated thanks to the innovative and experimental way it uses materials.

Les espaces de cette habitation unifamiliale semblent complètement intégrés grâce aux solutions innovatrices et expérimentales réalisées à partir des matériaux.

Die Räume dieses Einfamilienhauses wurden durch die innovative und experimentelle Verwendung der Materialien perfekt integriert.

Residence in Hyogo

Kiyoshi Sey
Takeyama/Amorphe
Hyogo, Japan

The main intention of this design was to imitate the diversity of the region by means of a variety of spaces that would stimulate the senses. On entering the house, the visitor perceives it as a bridge over an unexplored terrain dominated by vegetation, a deep valley and a river. The living-room is suspended in the air and opens on to a balcony that connects to the upper terrace by means of a spiral staircase. The lower level is reserved for the private areas of the house, where the bathroom is separated from the bedroom by a glass partition, which allows it to be flooded with morning light. The materials used, such as exposed concrete and metal, act as connecting elements between the various levels and also create an image that contrasts with the surrounding natural environment. Nature is present in every room, however thanks to the constant presence of glass.

Le projet avait pour critère essentiel d'exploiter la diversité offertede l'environnement par le biais d'une série d'espaces divers stimulant la perception. Dès l'entrée, le visiteur a l'impression de voir un genre de pont dressé au-dessus d'un terrain vierge où la végétation, la vallée profonde et le fleuve sont omniprésents. Le salon est un lieu de séjour suspendu au-dessus du vide, ouvert sur un balcon qui communique avec la terrasse supérieure par un escalier en spirale. Le niveau inférieur est réservé aux zones privées où la salle de bains est séparée de la chambre à coucher par un paravent de verre transparent, solution permettant à la lumière matinale d'inonder toute la pièce. Les matériaux utilisés, tels que le béton brut et le métal, sont des éléments qui servent de lien entre les différents niveaux, générant en même temps une image qui contraste avec le milieu naturel, même si le paysage est présent dans les moindres recoins grâce à l'omniprésence du verre.

Hauptziel bei diesem Haus war es, die Unterschiedlichkeit der Umgebung durch verschiedene Räume, die die Wahrnehmung anregen, zu imitieren. Vom Eingang aus wirkt das Haus wie eine Brücke über ein unerforschtes Gelände, wo es Vegetation, ein tiefes Tal und einen Fluss gibt. Das Wohnzimmer ist ein Raum, der im Leeren aufgehängt ist und einen Balkon hat, der mit der oberen Terrasse durch eine Wendeltreppe verbunden ist. Im unteren Stockwerk befinden sich die privaten Räume. Das Bad wird durch eine durchsichtige Glaswand vom Schlafzimmer getrennt, sodass der ganze Raum von der Morgensonne erhellt wird. Die verwendeten Materialien, wie unverputzter Beton und Metall, dienen als Verbindungselemente zwischen den verschiedenen Ebenen und schaffen gleichzeitig ein Bild, das mit der umgebenden Natur kontrastiert, obwohl die Landschaft aufgrund der zahlreichen Verglasungen stets präsent ist.

The succession of open and closed spaces, as well as their variety and arrangement, creates a labyrinth-like atmosphere that invites visitors to explore the house.

L'enfilade d'espaces ouverts et fermés, leur variété et leur disposition, créent un effet de labyrinthe qui incite à l'exploration de l'objet architectural.

Durch die Folge von offenen und geschlossenen Räumen, ihre Vielseitigkeit und Anordnung entsteht eine labyrinthische Wirkung, die zum Erforschen des Hauses einlädt.

› Sections Sections Schnitte

Double L

Noriyuki Tajima/
Tele-design
Yokohama, Japan

Despite being located on a hill, this single-family home in a suburb of Tokyo is in a dense urban area. The design thus reconsiders the local conditions and creates a sequence of interrelated activities that relate back to the exterior. The overall L-shaped composition gives rise to an inner world in which the terraces and spaces oriented towards the resulting courtyard relate to one another. This design resulted in a great diversity of environments and numerous ways of taking advantage of every room in the house. The extension of the interiors on to the terraces is accentuated by following the same criteria for their finishes and materials. The result is an inner landscape that relates to the overall context of the neighborhood. The austere façade facing the street is closed to the outside and engages in a dialogue with the surroundings.

Cette maison unifamiliale, située dans un quartier de Tokyo, a été conçue sur un site à fort caractère urbain, malgré sa situation dans les collines. Il fallut donc repenser la conception en fonction des conditions locales et créer une série d'activités reliées entre elles et avec l'extérieur. La forme en L de la composition générale permet de concevoir un univers intérieur où les différentes terrasses et espaces orientés vers le patio découlant de ce plan sont reliés entre eux. Cette conception engendre une grande diversité de situations et de nombreuses façons de tirer parti de chaque pièce à vivre de la maison. L'extension des intérieurs vers les terrasses s'accentue selon le même critère de finitions et de matériaux. Cela donne un paysage intérieur en relation avec le contexte général du quartier. Depuis la rue, la façade fermée et austère entre en dialogue avec les constructions environnantes.

Dieses Einfamilienhaus befindet sich in der Nähe von Tokio und steht auf einem Grundstück, das trotz seiner Lage auf einem Hügel städtisch wirkt. Die durch das Grundstück vorgegebenen Bedingungen beeinflussten die Planung in der Weise, dass man versuchte, eine Reihe von miteinander und nach außen verbundenen Elementen zu schaffen. Durch die L-Form entstand eine innere Welt, in der verschiedene Terrassen und Räume, die zum Hof liegen, miteinander verbunden sind, sodass viele verschiedene räumliche Möglichkeiten in dem Haus entstanden. Durch die Oberflächen und Materialien wurde die Lage der Räume zu den Terrassen hin noch unterstrichen. So entstand eine Landschaft, die mit dem allgemeinen Kontext des Viertels in Beziehung steht. Von der Straße aus wirkt die Fassade geschlossen und nüchtern, jedoch gut in die bebaute Umgebung integriert.

This double-height house is structured around a staircase that connects the various floors.
L'habitation, sur deux hauteurs, s'articule autour d'un escalier qui relie les différents étages.
Im Zentrum des doppelgeschossigen Hauses befindet sich eine Treppe, die die verschiedenen Stockwerke miteinander verbindet.

› Ground floor Rez-de-chaussée Erdgeschoss   › First floor Premier étage Erstes Obergeschoss

Cliff Residence

Van der Merwe
Miszewski Architects
Cape Town, South Africa

This house is situated on a pronounced, 45° slope on an elongated and narrow site. The program aimed to preserve the existing vegetation for reasons of privacy, as well as to take full advantage of the views. Owing to the physical reality of the site, the house was designed as a narrow building organized along an orthogonal screen parallel to the contours of the land, so as to minimize excavation. This Cartesian composition, which is both transparent and light, rests on a solid base set back from the main volume. The entrance to the house on the middle floor leads to the living-room, which is dominated by a large fireplace, followed by the kitchen and dining-room. The stairway adjacent to the door leads to the lower level, which contains the bedrooms, as well as up to the top floor, which houses a study and terraces that offer a spectacular view of the nearby mountains.

Cette maison se décroche grâce à une forte pente de 45° degrés sur un terrain allongé et très étroit. La conception devait préserver l'écran végétal naturel pour des raisons d'intimité, tout en tirant profit au maximum des vues existantes. Compte tenu des conditions physiques du terrain, l'habitation est un édifice étroit, organisé comme un réticule orthogonal parallèle au pourtour réduisant ainsi l'importance de l'excavation. Cette composition cartésienne, transparente et légère repose sur une base massive, en retrait du volume principal. L'accès à l'habitation se fait par l'étage intermédiaire qui s'ouvre sur le salon – dominé par une grande cheminée – la cuisine et la salle à manger. L'escalier contigu à l'entrée dessert le niveau inférieur, abritant les chambres, et l'étage supérieur, occupé par un studio et des terrasses avec de splendides vues panoramiques sur les montagnes environnantes.

Dieses Haus befindet sich auf einem langen und sehr schmalen Grundstück an einem steilen Hang mit 45° Neigung. Die existierende Vegetation sollte erhalten bleiben, um vor Blicken zu schützen, gleichzeitig sollten die Bewohner aber auch einen schönen Ausblick haben. Aufgrund der Grundstücksform wurde ein schmales Gebäude geschaffen, das auf einer rechtwinkligen Grundfläche parallel zum Gefälle verläuft. So waren wenig Aushubarbeiten notwendig. Diese kartesianische, transparente und leichte Komposition ruht auf einer massiven Basis, die vom Hauptgebäude zurückgesetzt ist. Der Eingang befindet sich auf der mittleren Ebene, daran anschließend das Wohnzimmer mit seinem großen Kamin, die Küche und das Speisezimmer. Die Treppe am Eingang führt in das darunterliegende Geschoss mit den Schlafzimmern und in das höhere Geschoss mit dem Atelier und den Terrassen, von denen man einen wundervollen Panoramablick auf die Berge hat.

The elongated cube that makes up the house is interrupted and enriched by various elements that intervene at different points along its length.

Le cube aux proportions rectangulaires qui structure la maison est brisé et enrichi de nombreux éléments qui se succèdent au fil du paysage intérieur.

Das Rechteck, das das Haus bildet, wird unterbrochen und im Inneren durch verschiedene Elemente bereichert.

› Section Section Schnitt

Vineyard Residence

Aidlin Darling
California, USA

The living spaces in this countryside residence are arranged around a rectangular pond and the stone wall running alongside it from north to south. The combination of the wood and stone covering the walls and floors—materials selected for their visual, tactile and acoustic properties—connects the house with the surrounding landscape. Large windows interrupt the thick walls of the front façade, ensuring an abundance of light flows into the interior spaces. A spectacular effect is created by the combination of the pale stone and the horizontal metal beams that surround the façade forming a cornice. This same metal element is used in the door and window fittings, and in the structure of the interior staircase. A simple pond with a dark background seems to emphasize the horizontality of the dwelling, evoking an air of Zen philosophy.

Les espaces de cette maison de campagne sont aménagés le long d'un étang rectangulaire, tout comme le mur en pierre l'accompagnant du nord au sud. L'association du bois et de la pierre recouvrant les murs et les sols – matériaux choisis pour leurs particularités visuelles, tactiles et acoustiques – sert de lien entre la maison et le paysage. Sur la façade frontale, de grandes baies vitrées séparent les murs épais garantissant aux intérieurs une luminosité abondante. L'union de la clarté de la pierre et des poutres métalliques horizontales qui entourent la façade, telle une corniche, produit un résultat spectaculaire. Le métal a été utilisé pour le montage des portes et des baies vitrées, et pour la construction des escaliers intérieurs. Un simple étang dont le fond est sombre met en évidence les lignes horizontales du volume qui évoquent la philosophie zen.

Die Räume dieses Landhauses liegen längs eines rechteckigen Teichs und einer Steinmauer, die diesen von Nord nach Süd begleitet. Die Kombination der Baumaterialien Holz und Stein, die aufgrund ihrer optischen, haptischen und akustischen Eigenschaften gewählt wurden und Wände und Böden verkleiden, verbindet das Haus mit der umliegenden Landschaft. An der Vorderfassade unterbrechen große Fenster die dicken Mauern, um reichlich Lichteinfall in die Innenbereiche zu gewährleisten. Die Verbindung heller Steine mit den waagerechten Metallträgern, die die Fassade wie ein Sims umgeben, ist beeindruckend. Das gleiche Metallelement wurde zur Befestigung von Türen und Fenstern sowie beim Bau der Innentreppen eingesetzt. Ein einfacher Teich mit dunklem Grund scheint die Horizontalität der Volumetrie hervorzuheben und erinnert an die Zen-Philosophie.

› **Site plan** Plan de situation Umgebungsplan

The well-designed exterior lighting—with uplights in the ground, and downlights set into the cornice—enhances the cube against the backdrop.

L'éclairage extérieur met en valeur la maison grâce à des projecteurs indirects partant du sol et de la corniche.

Die gepflegte Außenbeleuchtung des Hauses mit indirekten Strahlern, die vom Sims hinableuchten und anderen, die aus dem Boden auftauchen, hebt die Präsenz des Baus zusätzlich hervor.

The austerity of the interior design scheme is just right. The understated décor creates elegance.

L'austérité des espaces intérieurs est un des succès du projet. La parcimonie avec laquelle les objets décoratifs ont été placés fait preuve d'élégance.

Die Nüchternheit des Designs der Innenbereiche ist sehr vorteilhaft. Die Sparsamkeit bei der Aufstellung der Dekorationselemente verwandelt sich in Eleganz.

House in High Bridge

Kramer E. Woodard
Architects
High Bridge, USA

This site is covered in a dense coppice of beeches, oaks and maples and drops 120 ft. from one end to the other. The house that was built atop it adapts to these contours and its design is an abstraction of the existing topography. The design process was focused on creating a house that would be compact, flexible and easily accessed. The domestic program was defined in detail by the client, who was only going to live there for half of the week. Thus, it was designed to have three bedrooms, two of which would be highly flexible in terms of size and use, as well as two bathrooms and a toilet. The dining-room, living-room and kitchen were considered to be extensions of a landscape that would enter into the domestic domain. The client also required a library, an office and a two-car garage. Various materials were used in the interior: ceramic tiles, varnished wood and polished stone.

Ce terrain, couvert d'un grand nombre de hêtres, chênes et érables, présente une dénivellation de 36 m d'un bout à l'autre. Il abrite une construction adaptée à l'environnement. Sur le plan architectural, c'est une abstraction de la topographie existante. Tous les efforts convergent pour créer une habitation à la fois modulable et facilement accessible. L'organisation du programme domestique a été définie en détails par la cliente qui n'occupe les lieux que la moitié de la semaine. Il y a donc trois chambres – d'eux d'entre elles devant être modulables sur le plan taille et usage – deux salles de bains et un cabinet de toilettes. La salle à manger, le salon et la cuisine sont perçues comme des extensions du paysage pénétrant dans le domaine familial. Il fallait aussi une bibliothèque, un bureau et un garage pour deux voitures. La diversité des matériaux définit l'intérieur : carreaux de céramique, bois vernis et pierre polie.

Inmitten eines dichten Waldes aus Buchen, Eichen und Ahorn liegt dieses Gelände mit einem Höhenunterschied von 36 m von einem zum anderen Ende. Das Gebäude darauf passt sich an diese Umgebung an, sein Design wurde zu einer Abstraktion der existierenden Oberflächenform. Es sollte ein Haus entstehen, das gleichzeitig kompakt, flexibel und leicht zugänglich ist. Der Kunde beschrieb sehr detailliert, was er wünschte, da er nur die Hälfte der Woche hier wohnt. So wurden drei Zimmer angelegt, wovon zwei in Nutzung und Größe sehr flexibel sind, zwei Bäder und eine Toilette. Ebenso wurden eine Bibliothek, ein Büro und eine Garage für zwei Autos gewünscht. Esszimmer, Wohnzimmer und Küche sind durch raumhohe Glasfassaden verbunden. Im Inneren wurden verschiedene Materialien verwendet: Keramikfliesen, lackiertes Holz und polierter Stein.

The house is not unlike a geological element in the landscape, and rests on walls that run perpendicular to the slope.

La maison est à l'image d'un élément géologique intégré au paysage. Elle est implantée sur un terrain avec les murs perpendiculaires à la pente.

Das Haus wirkt wie ein geologisches Element in der Landschaft. Die Wände wurden senkrecht zur Neigung angebracht.

The fact that one can move the glass doors emphasizes the flexibility and dynamic nature of the house.
La possibilité de pouvoir déplacer les portes en verre exalte la flexibilité et la dynamique de la maison.
Die Glastüren können verschoben werden, was das Haus flexibel nutzbar und dynamischer macht.

› Ground floor Rez-de-chaussée Erdgeschoss

› First floor Premier étage Erstes Obergeschoss

› Section Section Schnitt

House on Mount Fuji

Satoshi Okada
Narusawa, Japan

This house is located in a densely forested area at the base of Mount Fuji, and by dint of its volcanic past, the site is highly irregular. Architect Satoshi Okada's design is a poetic exercise in emulating nature, which led him to design a series of multiple, sinuous roofs that would mimic the irregular terrain. A large wall on a diagonal divides the house into two areas: one, a large space for common domestic functions and another zone for the bedrooms and their respective bathrooms. Upon entering the house, the visitor encounters a narrow and dark hallway which progressively widens until it is transformed into an expansive gallery illuminated from above. This space contains an attic set above the kitchen and dining-room, whose ceilings, barely seven feet in height, contrast with those in the living-room, which are 16 ft. high.

Cette maison est située au pied du mont Fuji, dans une zone de végétation feuillue, peuplée d'arbres. Le terrain est accidenté s'explique par son passé volcanique. L'architecte Satoshi Okada a développé le projet telun essai poétique rivalisant avec la nature. Pour suivre cette idée, il a conçu une toiture aux multiples pentes sinueuses qui s'adaptent au dénivellement de terrain. Un grand mur en diagonale divise la maison en deux univers : un grand espace qui abrite les fonctions domestiques communes et une zone qui accueille les chambres à coucher et les salles de bains respectives. En entrant dans la résidence, un petit couloir s'élargit pour se transformer en une immense galerie illuminée par la lumière du soleil. Cet espace contient une soupente sous laquelle sont aménagées la cuisine et la salle à manger, de deux mètres de hauteur à peine, contrastant ainsi avec les 5 m du salon.

Dieses Haus liegt am Fuße des Fujiama in einem Gebiet mit üppiger Vegetation und Baumbewuchs. Diese ehemalige Vulkanlandschaft ist sehr uneben. Das Design des Architekten Satoshi Okada gleicht einer poetischen Übung, die die Natur nachahmt. So schuf er ein Dach mit zahlreichen, wellenförmigen Neigungen, das die Unebenheiten des Geländes widerspiegelt. Eine große diagonale Mauer unterteilt das Haus in zwei Bereiche: Einen großen, gemeinschaftlich nutzbaren Raum, und einen Bereich, in dem die Schlafzimmer und dazugehörigen Bäder liegen. Wenn man das Haus betritt, verbreitert sich der enge und dunkle Flur, um zu einer großen Galerie zu werden, die durch Obergaden erhellt wird. In diesem Raum gibt es eine Mansarde, in der Küche und Speisezimmer liegen. Diese beiden Räume stehen mit nur zwei Metern Höhe in einem starken Gegensatz zu dem 5 m hohen Wohnzimmer.

The profile of the main part of the house is clearly visible beneath the canopy of the trees and on top of the layer of lava it attempts to emulate.

Le corps de bâtiment gît clairement dessiné sous les cimes des arbres et au-dessus de la couche de lave avec laquelle il prétend rivaliser.

Der Körper liegt klar unterhalb der Baumwipfel und oberhalb der Lavaschicht, die er nachahmt.

› Ground floor   Rez-de-chaussée   Erdgeschoss

› First floor   Premier étage   Erstes Obergeschoss

› Second floor   Deuxième étage   Zweites Obergeschoss

› Situation plan   Plan de situation   Umgebungsplan

The façades pull back at certain spots to create terraces, which offer views of the surroundings and a place to enjoy the outdoors.

Les façades s'effacent en certains points pour laisser la place à des terrasses qui offrent des vues sur les alentours, créant ainsi une enclave pour vivre à l'extérieur.

Die Fassaden sind an einigen Punkten zurückgesetzt, um Terrassen mit Ausblick über die Umgebung zu schaffen, auf denen man sich im Freien aufhalten kann.

The light that fills the house allowed the designer to opt for finishes in dark tones, which is reflected in the furniture and decor.

La luminosité existante dans cette habitation a permis d'opter pour des finitions aux teintes sombres, tels le mobilier et quelques éléments de décor.

Da dieses Haus sehr hell ist, konnte man sich für dunkle Töne bei den Möbeln und an einigen Wänden entscheiden.

YG House

Atelier Hitoshi Abe
Katta-gun, Japan

This residence was conceived as a sort of 300-ft. ribbon that would wrap around itself in three dimensions to create a wide open space in the middle. Six different volumes inserted into the perimeter contain all the tools necessary for domesticating this space: a kitchen, a fireplace with closets, a bathroom/laundry room, and a store room. The enclosed double-height void in the middle, without a doubt the nucleus of the house, is a thoroughly distinctive space. The rest of the rooms are only open where it is functionally necessary, while the central space communicates through vistas and via natural light with the exterior, and thus establishes unique relationships with its surroundings. The design of the house closely reflects the site: to the north: one enters the house in parallel with the topography and in contact with the earth; to the south, while the house itself lifts off the ground.

Cet édifice est conçu comme une bande de ruban de 90 m qui, en s'enroulant sur elle-même en trois dimensions, entoure un vide central. Six volumes distincts, insérés dans cette frange cernant le périmètre, contiennent les outils nécessaires pour apprivoiser l'espace : la cuisine, une cheminée armoire, un cabinet de toilette/buanderie, une salle de bains et une pièce d'entreposage. Le vide enfermé sur une double hauteur, noyau essentiel de la maison, est un espace insolite à l'intérieur de la maison. Les espaces de vie restants sont ouverts uniquement quand ils fonctionnent, alors que le vide central communique avec l'extérieur grâce aux vues et à la lumière naturelle, instaurant différents liens avec l'environnement. L'édifice est en relation très étroite avec le lieu où il est situé : au nord, la zone d'entrée évolue parallèlement aux courbes de niveau et reste en contact étroit avec le terrain. Au sud, le volume se détache du sol.

Dieses Haus ist als eine Art 90 m langes Band angelegt, das in drei Dimensionen um sich selbst gewickelt ist. Sechs verschiedene Blöcke wurden in diesen Streifen eingebunden, in denen die notwendigen Elemente untergebracht sind, um den Raum bewohnbar zu machen: die Küche, ein offener Kamin, eine Toilette, ein Badezimmer und eine Abstellkammer. Im Zentrum entstand ein großzügiger Leerraum, ein einzigartiger Raum doppelter Höhe, der einen tollen Ausblick bietet und Licht einfallen lässt. Die übrigen Zimmer sind überwiegend geschlossen. So entstehen verschiedene Beziehungen zur Umgebung. Der Eingang befindet sich im Norden und verläuft in Kontakt zum Boden parallel zur Topografie des Geländes, im Süden hebt sich das Haus vom Boden ab.

The strict geometrical lines of the house are softened by the use of wood to avoid clashing with the wooded surroundings.

La géométrie stricte des tracés de la maison est adoucie par les matériaux employés, pour la plupart des bois en harmonie avec le paysage arboré.

Die strenge Geometrie der Linien des Hauses wird durch die verwendeten Materialien gemildert. Hauptsächlich wurde Holz verwendet, das gut in die Baumlandschaft passt.

The austerity of the furnishings, due to their temporary nature, is compensated by the warmth of the wood used in the structure and interior finishes.

L'austérité du mobilier – justifiée par l'éventualité de son utilisation – est compensée par la chaleur du bois présent dans la structure et dans les finitions intérieures.

Die Schlichtheit der Möbel, die nur spärlich eingesetzt werden, wird durch die Wärme des Holzes und der Oberflächen ausgeglichen.

› Sections Sections Schnitte

› Elevations Élévations Aufrisse

Howard House

Bryan MacKay-Lyons
Nova Scotia, Canada

The Howard house, anchored on the coastline, was built as a giant wall, inside of which the domestic functions are located. The façades of this enormous volume are covered in corrugated aluminum that was previously galvanized to protect it from rain and sea spray. The reinforced concrete foundations emerge at ground level to give shape to a skirting board that testifies to the difficulty of building in an area with such fluctuating water levels. In addition to this solid enclosure, a concrete staircase was also fixed to the main body of the house, in order to buffer the dwelling from the bitterly cold westerly winds and provide it with thermal insulation. The roof ascends southward, covering a continuous space that successively houses the garage, entrance courtyard, kitchen, living-room and cantilevered terrace.

La maison Howard, lovée dans une enclave côtière, s'érige à l'instar d'un grand mur abritant à l'intérieur les fonctions domestiques. Les faces de ce gigantesque ensemble sont recouvertes d'aluminium ondulé galvanisé au préalable pour protéger le métal de la pluie et de l'air marin salé. Les fondations en béton armé émergent du terrain, formant un socle qui révèle la difficulté à avoir dû asseoir un édifice dans une zone aux niveaux phréatiques fluctuants. À cette frange massive, s'ajoute un escalier, lui aussi en béton, adossé au corps principal qui freine les vents gelés venant de l'ouest et procure l'isolation thermique de l'habitation. La toiture, d'un seul pan, descend vers le sud couvrant un espace continu qui abrite successivement le garage, le patio d'entrée, la cuisine, le salon et la terrasse en saillie.

Das Haus Howard liegt in Küstennähe. Es wirkt wie eine große Mauer, hinter der die verschiedenen häuslichen Bereiche untergebracht sind. Die Seiten dieses riesigen Körpers sind mit gewelltem Aluminium verkleidet, das durch Galvanisieren vor Regen und Meersalz geschützt wurde. Die Fundamente aus Stahlbeton ragen aus dem Boden heraus und bilden einen Sockel. Daran wird deutlich, wie problematisch es ist, ein Gebäude auf einem Gelände zu errichten, bei dem der Grundwasserspiegel schwankt. Ebenfalls aus Beton wurden eine Treppe angelegt, die sich an den Hauptkörper stützt und so die eisigen Westwinde abfängt und das Haus isoliert. Das Dach hat nur eine Neigung und steigt in Richtung Süden an. Es bedeckt den anliegenden Raum, in dem sich hintereinander die Garage, der Eingangshof, die Küche, das Wohnzimmer und auf einem Vorsprung die Terrasse befinden.

The cantilevered terrace juts out from the main reinforced concrete structure and allows the occupants to relax and take in the surrounding wilderness.

La terrasse en saillie, qui déborde au-dessus de la structure principale de béton armé, permet de se reposer au cœur de l'environnement champêtre entourant l'habitation.

Die Terrasse auf dem Vorsprung, auf der man sich von der umgebenden rauen Landschaft erholen kann, überragt die Hauptstruktur aus Stahlbeton.

Jyrki Tasa
Espoo, Finland

Into House

This site is located on a high hill and faces west, out to sea. The outline of the house unfolds like a fan, which reflects its division into sectors. The road leads the visitor to the back part of the house, which is defined by a protective white wall. The main entrance is through a glazed incision in the main façade, reached via a metal bridge that crosses over the pool. The hallway acts as a visua and functional link between all the rooms in the house; from this space, one can see and take in the house in its entirety, as this element connects the living areas with the private rooms. There are a number of vertical elements related to this central piece: the stairway, crafted in steel and wood, which is a structural and sculptural masterwork; and the tower, which contains the chimneys. The latter element penetrates the entire house, and accentuates the verticality of the location, the mountain and the rugged landscape.

Ce terrain se trouve sur les hauteurs d'une colline exposée à l'ouest, vers la mer. La construction se profile, à l'instar d'un éventail déployé qui en définit clairement les secteurs. La route mène le visiteur à l'arrière de la maison, structurée par le mur blanc et protecteur. L'entrée principale est une coupure de verre dans la façade à laquelle on accède par un pont métallique qui traverse la piscine. Le vestibule forme un trait d'union visuel et fonctionnel entre toutes les pièces à vivre. L'ensemble du volume est perceptible et compréhensible depuis cet espace, étant donné qu'il fait le lien entre le salon et les pièces plus privées. Divers éléments verticaux sont reliés à cette pièce centrale : l'escalier d'acier et de bois, œuvre empreinte de virtuosité structurelle et sculpturale, et la tour qui abrite les cheminées. Cet élément traverse toute la construction, accentuant la verticalité du lieu, la montagne et le paysage rocheux.

Das Grundstück liegt auf einer Erhebung, die Richtung Westen zum Meer hinweist. Das Haus ist wie ein Fächer angelegt, der klar die verschiedenen Bereiche unterteilt. Die Straße führt den Besucher zum hinteren Teil des Hauses, eine weiße und beschützende Mauer. Der Haupteingang ist ein gläserner Einschnitt in die Fassade, den man über eine Metallbrücke erreicht, die über den Swimmingpool führt. Die Eingangshalle dient als visuelle und funktionelle Verbindung für alle Räume. Von hier aus kann man das ganze Gebäude sehen und erfassen, da sie die Wohnzimmer mit den privateren Räumen verbindet. Es gibt verschiedene vertikale Elemente, die mit diesem zentralen Teil in Beziehung stehen, die Treppe aus Stahl und Holz, die wie ein strukturelles und skulpturelles Meisterstück wirkt, und der Turm, in dem sich die Kamine befinden. Dieses Element durchbohrt das ganze Haus und betont die Vertikalität des Ortes.

The structural organization of the house presents a network of metal columns and other vertical elements support a system of beams.

L'organisation structurelle de la maison indique un treillis de piliers métalliques et d'autres éléments verticaux qui soutient un système de poutres.

Die strukturelle Organisation des Hauses zeigt ein Flechtwerk aus Metallsäulen und anderen vertikalen Elementen, das ein Trägersystem stützt.

› Ground floor   Rez-de-chaussée   Erdgeschoss

› First floor   Premier étage   Erstes Obergeschoss

› Second floor   Deuxième étage   Zweites Obergeschoss

Rosenthal House

Antoine Predock
California, USA

The Rosenthal House, which doubles as a studio, is located right in the corner of a small triangular lot. This, in turn, led to the X-shape of the house, in order to take advantage of views towards Malibu and Palos Verdes. This recurring form allowed the designers to play with the visual combination of stairways to connect the three levels of the house: the living quarters were installed on the lower level, the first floor houses the studio, and the upper floor holds a multipurpose space. The latter, seen from the outside, resembles a lantern thanks to its translucent glass panels. The structure of the building, which from the exterior resembles a grotto, is framed by a concrete form that outlines its shape. The stucco exterior filters daylight and creates areas of ventilation, and the light passing through the multiple openings punched in the wall casts an endless progression of fleeting images.

La maison Rosenthal, conçue comme habitation/bureau, est située juste à l'angle d'une petite parcelle triangulaire définissant la forme de l'édifice en X, avec vues sur Malibu et Palos Verdes. Cette forme récurrente instaure un jeu visuel grâce à la combinaison d'escaliers reliant les trois niveaux de la maison : le rez-de-chaussée est consacré à l'espace de vie, le premier étage accueille le studio. Le second héberge un espace polyvalent qui, vu de l'extérieur, ressemble à une lanterne du fait des panneaux de verre translucides qui le délimitent. De l'extérieur, la structure de l'édifice, fait penser à une grotte d'eau ; elle est délimitée par une pièce de béton qui définit la forme de l'édifice. Le stuc extérieur permet de moduler la lumière naturelle et de créer des zones de ventilation, ainsi que de retenir des fragments d'images instantanées depuis les ouvertures créées dans le mur.

Das Haus Rosenthal ist ein Haus und Atelier auf einer Ecke eines kleinen, dreieckigen Grundstücks. Es hat die Form eines X, und man hat einen schönen Blick auf Malibu und Palos Verdes. Die Form mit ihren Wiederholungen ermöglicht eine visuelle Kombination von Treppen, die die drei Ebenen des Hauses miteinander verbinden. Im Erdgeschoss befindet sich die Wohnung, im ersten Stock das Atelier und im zweiten Stock ein vielseitig nutzbarer Raum, der von außen aufgrund der Transparenz der Glasplatten, mit denen er verkleidet ist, wie eine Laterne aussieht. Die äußere Struktur des Gebäudes wirkt wie eine Grotte und ist von einem Betonteil eingerahmt, das die Form des Gebäudes noch unterstreicht. Der äußere Stuck modelliert das Licht und sorgt für gute Lüftung. Gleichzeitig werden durch Öffnungen in der Wand so etwas wie Fragmente von Momentaufnahmen geschaffen.

The X-shape of the house sets up the visual interplay of the stairways connecting the three levels of the house.
La forme en X permet de jouer visuellement avec la combinaison d'escaliers qui relient les trois niveaux de la maison.
Die X-Form ermöglicht eine visuelle Kombination von Treppen, die die drei Ebenen des Hauses miteinander verbinden.

› Ground floor Rez-de-chaussée Erdgeschoss

› First floor Premier étage Erstes Obergeschoss

› Second floor Deuxième étage Zweites Obergeschoss

The sensation generated by the exterior wall is the same as a set of nesting dolls, as it houses one building inside of another, as well as rooms inside of other rooms.

Le mur extérieur crée une impression similaire à celle des poupées russes, car il abrite un édifice à l'intérieur d'un autre et des espaces imbriqués les uns dans les autres.

Die äußere Mauer erinnert an das Schachtelprinzip einer Babuschka: ein Gebäude befindet sich in einem anderen, ein Raum in einem anderen.

Y House

**Katsufumi Kubota/
Kubota Architect Atelier**
Yamaguchi, Japan

This house is located in a neighborhood that has undergone rapid growth after having evolved into a dormitory suburb. Its location at the edge of a development granted the interesting possibility of opening the house to the south; the north façade juts up against the neighborhood. The house, as imagined by the architect, consists of two perpendicularly superimposed white boxes that are entirely open to the south. The ground floor is used as an entrance and social area; while the upper floor contains a bedroom, a study and the access to a large terrace spanning the roof of the lower of the two boxes. The large cantilevers caused by the recess in the glass enclosure protect the interior from direct sunlight without sacrificing its panoramic views. The openings in the walls are delicately outlined in metal and slatted shutters in the service area.

Cette habitation s'inscrit dans un quartier de la périphérie qui, sous l'effet d'un développement rapide, s'est transformé en ville dortoir. La configuration et la situation du terrain offrent des vues intéressantes permettant d'ouvrir la maison vers le sud, alors que la face nord effleure la proximité immédiate du quartier. La conception des volumes se présente sous forme de deux cubes blancs, superposés perpendiculairement et entièrement ouverts vers le sud. Le niveau inférieur sert d'accès et d'espace de réception, la partie supérieure héberge la chambre, un studio et l'accès à une vaste terrasse créée par la toiture du volume inférieur. Les grands encorbellements issus du volume enveloppé de verre permettent de protéger l'intérieur du soleil direct sans sacrifier l'étendue de la vue panoramique. Les ouvertures des murs sont délimitées par de fins profils métalliques et par des stores dans la zone des services.

Dieses Wohnhaus befindet sich in einem Außenbezirk, der sich schnell in eine Schlafstadt verwandelt hat. Da das Gebäude am Stadtrand steht, bot es sich an, den interessanten Blick nach Süden zu nutzen. Die Nordfassade zeigt direkt zum Stadtviertel hin. Es wurden zwei weiße Körper geschaffen, die senkrecht übereinander gelegt und nach Süden offen sind. Im Erdgeschoss liegen der Eingang und die gemeinsamen Räume, im Obergeschoss die Schafzimmer, ein Atelier und der Ausgang zu einer großen Terrasse, die auf dem Dach des unteren Teils angelegt wurde. Die großen Vorsprünge, die durch das Zurücksetzen der Verglasungen entstanden sind, schützen das Innere vor direktem Sonnenlicht, ohne den wundervollen Blick zu behindern. Die Fenster an den funktionellen Räumen sind mit feinen Metallprofilen gerahmt und mit Jalousien ausgestattet.

The façade, of a great formal expressiveness, was posited as an open volume that would attempt to reflect the surrounding landscape.
La façade, dotée d'une grande expressivité formelle, se présente comme un volume ouvert qui essaie de capter le paysage extérieur.
Die Fassade mit ihrer ausdrucksvollen Form ist offen angelegt, um die umgebende Landschaft einzufangen.

The high windows on the ground floor prevent neighboring houses from seeing in, yet also allow for air to circulate throughout the house.

Les fenêtres supérieures de l'étage inférieur masquent la vue sur les maisons voisines tout en créant une circulation d'air à l'intérieur de l'habitation.

Aus den oberen Fenstern des Erdgeschosses sieht man keine Nachbarhäuser. Sie sorgen jedoch für Luftzufuhr in der Wohnung.

› Elevations Élévations Aufrisse

The nature of the site and the freedom it entailed were taken advantage of in full to make a succinct architectural statement.
La liberte et les conditions offertes par le terrain ont été exploitées au maximum pour concevoir un objet architectural épuré et simple.
Das Grundstück bot relativ viel Freiheit und günstige Bedingungen, um ein architektonisch sauberes und klares Haus zu bauen.

To make the most of the bright sunlight, neutral and warm colors dominate in almost all the finishes.
La dominance de tons neutres et chaleureux exalte sciemment la luminosité provenant de l'extérieur.
Die Oberflächen sind in neutralen und warmen Farben gehalten, um das vorhandene Licht noch zu unterstreichen.

An interplay of contrasts is found in this area, where warm materials, like wood, are combined with the concrete of the central wall.
Le jeu des contrastes se synthétise dans cette zone où se mêlent des matériaux chauds comme le bois et le béton du mur central.
Das Spiel mit Kontrasten wird hier noch verstärkt, indem warme Materialien wie Holz mit dem Beton der zentralen Wand kombiniert werden.

Villa Man-bow

Satoshi Okada Architects
Shizuoka, Japan

The site of this unusual house faces north, overlooking a 70° slope. The client had a clear idea of how to inhabit this space: humidity was to be kept to a minimum, the strong winds counteracted, and the chore of raking leaves in autumn avoided. To meet these ends, the architects designed two very different volumes: an elliptical sphere that would house the living areas and a rectangular parallelepiped that would be destined for use as bedrooms. Each would be raised on six columns 1 ft. in diameter arranged in a 12-ft. grid. To counteract the strong winds, the sphere, with its aerodynamic form, was designed to face the valley, while the rectangle was hidden amidst the trees. The copper slats that cover the sphere will take on a green patina over time, thus integrating this volume into the landscape.

Le terrain qui accueille cette habitation originale est orienté au nord et présente une pente de 70°. Le client avait une idée très précise de la conception de son lieu d'habitation : contrôler au maximum l'humidité, en contrecarrant la force des vents et éviter de ramasser les feuilles mortes en automne. Pour y parvenir, les architectes ont conçu deux volumes différents sur le plan typologique : une sphère elliptique pour abriter les pièces à vivre et un parallélépipède destiné aux deux chambres à coucher. Chacune d'elle s'élève au-dessus du terrain, posée sur six colonnes de 30 cm de diamètre dans un réticule de 3,6 m. Pour contrecarrer l'action des vents, le volume sphérique, avec sa forme aérodynamique, a été placé face à la vallée, alors que le rectangle se cache entre les arbres du bois. Les lames de cuivre, utilisées comme revêtement extérieur de la sphère, qui acquiert avec le temps la patine verte inhérente à ce métal, parviennent à se fondre dans le paysage.

Das Grundstück, auf dem dieses ungewöhnliche Haus steht, ist Richtung Norden ausgerichtet und hat eine Neigung von 70°. Der Kunde wusste genau, wie er diesen Ort bewohnen wollte. Die Feuchtigkeit musste so weit wie möglich unter Kontrolle gebracht werden und der Kraft der Winde musste man widerstehen, um das Laubkehren im Herbst zu vermeiden. Dazu entwarfen die Architekten zwei sehr unterschiedliche Gebäudeteile: eine elliptische Kugel für die Wohnzimmer und ein Parallelepipedon für die Schlafzimmer. Beide Teile erheben sich auf sechs Säulen mit 30 cm Durchmesser in einem Abstand von 3,6 m. Der kugelförmige Gebäudeteil mit seiner aerodynamischen Form zum Tal hin lässt die Winde abgleiten, während der rechteckige Teil im Wald verborgen ist. Die Kugel ist von außen mit Kupferplatten verkleidet, die im Laufe der Zeit Grünspan ansetzen und das Gebäude so in die Landschaft integrieren.

The entrance to the house is a metal staircase that descends gently to the ground. The system of columns respects the existing vegetation and prevents erosion.

L'accès à l'habitation se fait par un escalier métallique posé subtilement sur le terrain. Le système de piliers respecte la couche végétale et protège le terrain de l'érosion.

Der Zugang zum Haus erfolgt über eine Metalltreppe, die leicht auf dem Gelände steht. Das Säulensystem nimmt Rücksicht auf die Vegetation und verhindert Erosion.

› Ground floor Rez-de-chaussée Erdgeschoss

› First floor Premier étage Erstes Obergeschoss

› Second floor Deuxième étage Zweites Obergeschoss

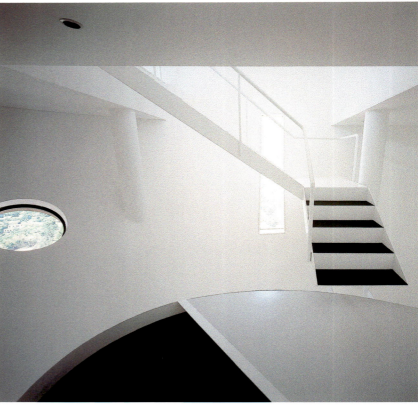

Inside, all the walls were finished in plaster and painted white, and then further outfitted with flexible laminated plaster veneer.
À l'intérieur, les murs sont tous plâtrés, peints en blanc et revêtus de plâtre laminé.
Im Inneren sind alle Wände weiß gegipst und gestrichen und wurden mit flexiblen Gipsleisten verkleidet.

The great sensation of openness in the living room is due to its high ceilings and the absence of corners.
La sensation de largeur à l'intérieur du salon est due à la hauteur généreuse de l'espace dépourvu d'angles.
Das sehr hohe Wohnzimmer ohne Ecken wirkt sehr groß.

Tree House

**Van der Merwe
Miszewski Architects**
Cape Town, South Africa

Designing this house, located on a steeply sloping site, presented its architects with a challenge. A unique characteristic of this site, however, was its canopy of pine trees. This led to the idea of designing a house in the shape of a table. Five columns designed to resemble tree trunks hold up a flat roof, from which a steel and glass skin is suspended to envelop the full volume of the house and to achieve complete transparency to the exterior. The ensemble, which rests upon a solid and enclosed stone foundation, is divided into three levels that house its various functions: in the highest part of the house, through which one enters, one finds the living-room, the dining-room and the kitchen. The bedrooms are on the middle level, and the ground floor, which is the area most insulated from the outside, is given over to services.

Ce projet de construction enclavée sur un terrain escarpé, a placé les architectes devant un véritable défi. La particularité de ce terrain, doté d'un baldaquin naturel formé par la cime des pins de la propriété, est à l'origine de la conception d'une maison en forme de table. Cinq piliers, en forme de troncs d'arbres, soutenant la toiture plane de laquelle pend une chrysalide d'acier et de verre qui enveloppe tout le volume dans une transparence totale vers l'extérieur. L'ensemble, qui repose sur une base massive et close en pierre, est divisé en trois niveaux accueillant les différentes fonctions : la partie supérieure, zone d'accès, héberge le salon, la salle à manger et la cuisine ; la partie intermédiaire accueille les chambres et la partie inférieure, plus protégée de l'extérieur, abrite les zones de services.

Dieses Bauvorhaben auf einem schroffen Gelände stellte eine große Herausforderung für die Architekten dar. Auf dem Grundstück existiert ein natürlicher Baldachin, der von den Wipfeln der Pinien auf dem Grundstück gebildet wird. So entstand die Idee, ein Haus in Form eines Tisches zu entwerfen. Fünf Säulen, die den Baumstämmen gleichen, tragen ein flaches Dach, von dem eine Haut aus Stahl und Glas herab hängt, die das ganze Gebäude umgibt und von überall den Blick nach draußen ermöglicht. Die Gruppe steht auf einem massiven, von Stein umschlossenen Sockel und unterteilt sich in drei Ebenen mit verschiedenen Funktionen. Im oberen Teil liegen Eingang, Wohnzimmer, Esszimmer und Küche, im mittleren Teil die Schlafzimmer und im Erdgeschoss geschlossenere Räume mit den funktionellen Bereichen.

The wooden columns branch out at the highest part of the house in an echo of the trees around them.
Les piliers de bois se ramifient en hauteur, à l'image des arbres.
Die Holzpfeiler verzweigen sich im Obergeschoss und spiegeln so die umgebenden Bäume wider.

Wood, which was used both in the structure and the finishes, contributes to the house's integration into the landscape.
Le bois, utilisé tant pour la structure que pour les revêtements, contribue à intégrer l'architecture au paysage.
Sowohl für die Struktur als auch die Verkleidung wurde Holz benutzt, wodurch sich das Haus gut in die Landschaft einpasst.

› Ground floor   Rez-de-chaussée   Erdgeschoss

› First floor   Premier étage   Erstes Obergeschoss

› Second floor   Deuxième étage   Zweites Obergeschoss

› Cross section   Section transversale   Querschnitt

› Cross section   Section transversale   Querschnitt

› Elevation   Élévation   Aufriss

Tonic Design
Raleigh, North Carolina, USA

Chiles

This residence was created from the metal beam superstructure of the 1960s building that was formerly on this site. It brings together wood, glass, aluminum and patinated steel to create spaces that are apt for relaxing or holding lively gatherings. Moreover, these spaces enhance the fineness of the works of art collected by the owners. The original structure is a series of 6 metal cubes. The architects' challenge was to fill these. They cleverly took advantage of this feature to create open spaces. One of the central design themes was to integrate the natural exterior setting into the interior spaces, hence the use of glass walls, porches, terraces and walkways. The result is half house and half art gallery, with bright spaces and intricate routeways: a delight for the senses.

Cette résidence a été montée à partir d'une armature de poutres métalliques du projet précédent datant des années 60. La construction associe l'acier artificiellement oxydé, le bois, le verre et l'aluminium afin de créer aussi bien des ambiances animées que détendues, et met en valeur l'excellente collection d'œuvres d'art des propriétaires. La structure initiale de la maison était composée de six cubes en acier. Le défi des architectes a consisté à les aménager, et leur succès a été de savoir utiliser ces cubes pour créer des espaces ouverts. Les baies vitrées, les porches, les terrasses et les passerelles ont contribués à l'incorporation du cadre naturel extérieur dans les espaces intérieurs. En résumé, un endroit moitié maison, moitié galerie d'art constitué d'espaces diaphanes et labyrinthiques pour le plaisir des sens.

Dieses Haus wurde ausgehend von dem Metallbalkengerüst des vorherigen Baus aus dem Jahr 1960 errichtet. Dabei wurden künstlich oxidierter Stahl, Holz, Glas und Aluminium kombiniert, um attraktive Umgebungen für gemütliches Beisammensein und Erholung zu schaffen. Außerdem tragen sie zur Hervorhebung der erstklassigen Kunstwerke aus der Sammlung der Besitzer bei. Die Originalstruktur bestand aus 6 Stahlwürfeln, die der Architekt füllen musste. Sehr von Vorteil war dabei, diesen Umstand zur Schaffung großer offener Bereiche zu nutzen. Es ist die deutliche Tendenz sichtbar, die natürliche Außenumgebung in das Innere zu integrieren, was die im Haus vorhandenen Glaswände, Vorhallen, Terrassen und Stege erklärt. Das Ergebnis ist ein Raum mit offenen Bereichen und verschlungenen Wegen, der halb Haus und halb Kunstgalerie ist. Ein Genuss für die Sinne.

Surrounded by vegetation, the structure is an explosion of angles in the midst of a landscape of organic forms.
Entourée de végétation, la structure de la maison est une explosion d'angles droits au milieu de formes organiques.
Die von Vegetation umgebene Struktur des Hauses ist eine Explosion rechter Winkel inmitten eines Umfelds organischer Formen.

› Plans Plans Grundrisse

The metal beams of the original structure are used in the interiors to mark out the spaces and line up the furnishings.
Les poutres métalliques de la construction initiale séparent les espaces intérieurs et alignent les différentes pièces du mobilier.
Die Metallbalken des ursprünglichen Baus dienen im Inneren zur Abgrenzung der Bereiche und Aufreihung verschiedener Möbelstücke.

Photo Credits Crédits photographiques Fotonachweis

010-019	**Undine Pröhl**	196-201	**Ignacio Martínez**
020-027	**Barclay & Crousse**	202-209	**Matteo Piazza**
028-033	**Eric Sierins**	210-215	**Lorenzo Mussi**
034-039	**Yoshiharu Matsumura**	216-223	**José Luis Saavedra Morales**
040-047	**Hisao Suzuki**	224-231	**Christian Richters**
048-055	**Eugeni Pons**	232-241	**Edmund Sumner/View**
056-063	**Juan Purcell**	242-247	**Erich Ansel Koyama**
064-071	**Nigel Young**	248-255	**Tatsuya Noaki, Tamotsu Matsumoto**
072-077	**Hiroyuki Hirai**	256-263	**Luuk Kramer**
078-085	**Matteo Piazza**	264-273	**Jordi Miralles**
086-093	**Katsuhisa Kida**	274-283	**Eugeni Pons**
094-101	**Alberto Piovano**	284-289	**Yoshi Shiratori/Zoom**
102-111	**John Ellis**	290-295	**Tatsuya Noaki**
112-119	**Alberto Piovano**	296-301	**Van der Merwe Miszewski Architects**
120-125	**Undine Pröhl**	302-309	**John Sutton**
126-133	**Jussi Tiainen**	310-315	**Kevin Chu, Catherine Tighe Bogert**
134-141	**Pedro d'Orey**	316-323	**Hiroyuki Hirai**
142-149	**Joan Mundó**	324-329	**Synichi Atsumi**
150-155	**Shania Shegedyn**	330-335	**Undine Pröhl**
156-163	**Steve Keating, Eric Cobb**	336-341	**Jussi Tianen, Jyrki Tasa**
164-169	**Peter Kerze**	342-349	**Timothy Hursley**
170-175	**Undine Pröhl**	350-357	**Nobuaki Nakagawa**
176-183	**Alberto Piovano**	358-365	**Hiroyuki Hirai**
184-189	**Garofalo Architects**	366-371	**Van der Merwe Miszewski Architects**
190-195	**Matteo Piazza**	372-381	**JWest productions**